Michael Ackermann

Kiddy

Von Kurdistan zum Bahnhof Zoo

R. BROCKHAUS

R. Brockhaus Taschenbuch Bd. 831

2. Auflage 1991

Umschlaggestaltung: Carsten Buschke, Solingen
Umschlagfoto: Hipp-Foto, Berlin
Rechte an den Fotos im Innenteil:
»Kiddy«, Hamburg; außer S. 19
Gesamtherstellung: Breklumer Druckerei Manfred Siegel KG
ISBN 3-417-20831-9

INHALT

Sie kam als Fremde in ein Land,
das wenig Wärme gibt
und wo ihresgleichen abgelehnt werden.

»Wenn ich zum G. (eine Diskothek) ging, also fast jeden Abend, war ich völlig stoned. In der Kneipe war alles schwarz: die Wände, die Einrichtung, die Musik, die Leute um mich herum, meine eigenen Klamotten und mein Inneres. Ich fühlte mich wertlos, leer und kaputt. Ich wollte zeigen, daß ich kaputt war. Ich war traurig und wollte traurig sein.

Die Tanzfläche lag in künstlichem Nebel. Ich wollte abschalten, möglichst lange mein Leben vergessen, meine Familie. Jeden Abend lief dasselbe ab: Anmache, Gespräche voll von Selbstmitleid, dazwischen Koksen, Kiffen oder auf der Toilette spritzen, den Eltern alle Schuld zuschieben, hysterisch lachen, Kälte, Eiszeit.

Ich versuchte, die bohrenden Fragen in meinem Kopf wegzudrücken: Warum ich hier war, warum ich auf Droge war und wie ich freiwerden konnte.

Nachts um zwei bin ich dann bis morgens um neun ins D., eine Kneipe, spritzte wieder und wußte ganz genau: Das ist nicht das, was du suchst. Was du hier machst, ist nicht richtig. Hier findest du nicht die Geborgenheit, die du von Kindheit an suchst.«

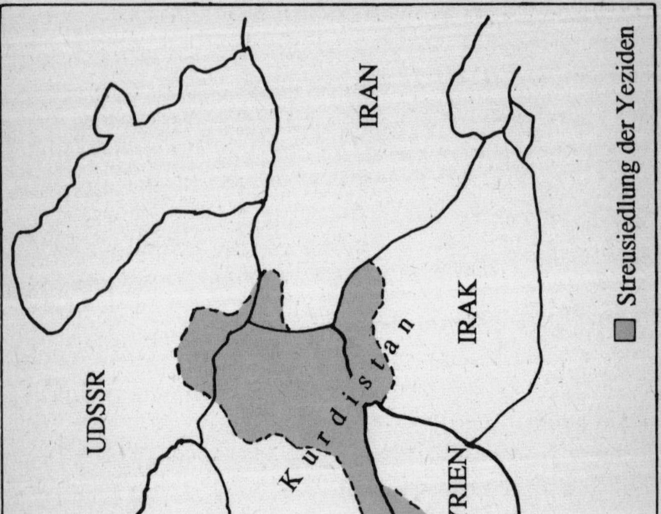
UDSSR
IRAN
TÜRKEI
Kurdistan
IRAK
SYRIEN
ISRAEL
Streusiedlung der Yeziden

Auf den Müll geworfen

1966, am 1. Januar, wird Kiddy im Südosten der Türkei geboren. Es ist ein kurdisches Dorf, wie alle Dörfer in der Gegend arm und weit ab von der nächsten Stadt.

Als Kiddy mit eineinhalb Jahren Kinderlähmung bekommt, ist der Schrecken groß. Die Eltern haben kein Geld für den Impfstoff, und eine Krankenversicherung gibt es nicht. Niemand kann Kiddy helfen. Ihr eines Bein bleibt gelähmt.

Nun ist sie schon mal ein Mädchen – für viele in diesem Land ein Makel –, und hat auch noch ein gelähmtes Bein! Für ihre Mutter, die von morgens bis abends mitarbeiten muß, damit die Familie nicht verhungert, bedeutet das eine große Belastung. Eines Tages, als Kiddy drei Jahre alt ist, trägt die Mutter sie in der glühenden Sonne Ostanatoliens auf dem Rücken die Dorfstraße entlang. Nach einigen hundert Metern bleibt sie stehen. Es ist der Müllplatz. Sie hebt Kiddy hinunter und stößt sie in den Müll. Die Mutter ist so am Ende ihrer Kräfte, daß sie meint, das Leben mit dieser Tochter nicht mehr ertragen zu können.

Kiddy bleibt allein in der Hitze und im Dreck. Einen ganzen Tag braucht sie, um auf dem staubigen Weg nach Hause zu kriechen.

Stundenlang sitzt sie von nun an in einer Ecke des Hauses und starrt vor sich hin. Fröhlichkeit, Spielen und Lachen kennt sie nicht. Sie kann nicht gehen, immer muß sie getragen werden. Und dabei wird sie immer schwerer.

Ihre Mutter arbeitet auf den kleinen Feldern, die der Familie gehören. Sie baut Getreide, Melonen und Gemüse an. Damit es zum Leben reicht, arbeitet sie auch noch auf den Feldern von Nachbarn im Dorf. Wenn sie nach der harten Feldarbeit in der glühenden Sonne abends nach Hause kommt, ist sie erschöpft.

Ihren Vater kennt Kiddy nicht. In dieser Zeit ist er ein Jahr im Gefängnis. Er war zu Unrecht angeklagt und wurde als Dieb verurteilt. Davor war er achtzehn Monate beim Militär – für ihn auch eine Art Internierung.

Als Kiddy fünf Jahre alt ist, kommt ihr Vater endlich nach Hause. Kiddy hat ihn sehr lieb. Aber er nimmt sie kein einziges Mal in den Arm, er kann ihre Liebe nicht erwidern. Von morgens bis abends arbeitet er bei wohlhabenden Dorfleuten als Traktorfahrer und Erntearbeiter. Alle drei Monate wird offiziell der Lohn ausgezahlt. Aber er und die andern Arbeiter erhalten ihn nur unregelmäßig. Immer wieder werden sie mit Naturalien vertröstet. Wenn er Geld nach Hause bringt, reicht es hinten und vorne nicht.

Einmal fährt er mit Kiddy per Anhalter zu einem Arzt in der nächsten Stadt. Der Arzt soll sie wieder gesund machen. Er untersucht Kiddy und fährt den Vater barsch an: »Du hättest sie impfen lassen sollen!« »Mit welchem Geld denn?« fragt sich der Vater.

Auch ein zweiter Arzt erklärt, daß die Heilungschancen bei Null liegen. Eine ebenso komplizierte wie kostspielige Operation könnte helfen, aber auch alles noch schlimmer machen. Eine Garantie gibt es nicht.

Die Eltern finden sich damit ab. Sie können weder lesen noch schreiben, die Mutter spricht nicht einmal Türkisch. Wie sollen sie um bessere Lebensbedingungen kämpfen? Sie haben früh gelernt, sich mit fast allem abzufinden.

Auf einen weiteren Sohn wären die Eltern stolz gewesen. Mit einem gelähmten Sohn hätten sie wohl Mitleid. Aber

Yezidische Familie

Kiddy ist nur ein Mädchen, sie ist sowieso nichts wert. Irgendwann wird sie den Eltern gleichgültig. Auch ihre beiden Brüder – ein und zwei Jahre älter als sie – kümmern sich nicht viel um sie.

Die Eltern haben keine Freunde. Leute aus dem Dorf, die zu Besuch kommen, legen ein teilweise affektiert wirkendes Mitleid an den Tag, womit Kiddy nichts anfangen kann. Ein paar Bonbons oder ein Kaugummi hält Kiddy für Liebe.

Auch Kiddy hat keine Freunde. Sie bleibt einsam und beginnt, sich wegen ihres kranken Beines zu schämen. Wenn die Eltern sie schon ablehnen – warum sollten die anderen sie mögen?

Wenn sie sich mühsam nach draußen in den Staub geschleppt hat, wird sie von den andern Kindern gehänselt oder getreten.

Diese Kinder sind selbst nicht zu beneiden. Sie müssen Wasser holen, beim Bau von Häusern Steine tragen, schon mit zehn Jahren regelmäßig auf dem Feld arbeiten. Auch sie erfahren von ihren Eltern wenig Liebe. Oft gehen sie mit leerem Magen schlafen, weil das Essen nicht reicht.

Schließlich gibt Kiddy den Wunsch nach Kontakt mit anderen Kindern auf. Sie bleibt zu Hause und versucht, der Mutter zu helfen. Das geht, und es macht ihr Spaß, weil sie sich dann nicht ganz überflüssig vorkommt. Außerdem freut sich die Mutter. Das ist für Kiddy ein kleines Zeichen von Anerkennung und Liebe.

Kiddy kocht, wäscht, räumt auf, macht das Haus sauber, füttert den Esel und bringt die Schafe zur Weide.

Das kleine Haus hat ihre Mutter eigenhändig gebaut. Es ist aus Holz, Lehm und Steinen. Innen sieht es schön aus. Die Wände sind weiß, der Boden ist mit Teppichen und Kissen bedeckt. Es gibt keinen Tisch, kein Radio, keinen Fernseher.

Auch in dem kleinen Garten hilft Kiddy: Dort ziehen sie wie die meisten andern Leute im Dorf Tomaten, Zucchini und Bohnen.

Manchmal kommen Kinder ins Haus, aber sie wollen nur mit Kiddys Geschwistern spielen. Kiddy darf nicht mitspielen. Die kleine Schwester, die inzwischen geboren ist, wird gestreichelt. Aber mit Kiddy wollen die anderen Kinder nichts zu tun haben.

Mit acht Jahren entdeckt Kiddy die Dorfschule. Sie bewundert das Gebäude und die bunten Schuluniformen der Kinder. Es ist eine kleine, typische anatolische Dorfschule: in einem Raum werden nacheinander zwei Klassen unter-

Yezidische Familie

richtet. Aber für Kiddy ist es *die* Entdeckung. Lange beobachtet sie die Jungen und Mädchen, wie sie spielen, reden, in die Bücher schauen und lernen. Bücher!

Als Kiddy nach Hause kommt, bittet sie die Mutter: »Laß mich auch in die Schule gehen!« Es ist der größte Wunsch ihres Lebens.

Doch die Mutter blickt sie nur stumm an. Sie und der Vater sind gerade mit anderen Dingen vollauf beschäftigt. Der Vater will nach Deutschland fahren. Einen Teil des Reisegeldes hat er mühsam zusammengespart, den Rest geliehen.

In Deutschland soll man viel Geld verdienen. Das ist alles, was Kiddy darüber hört. Bald fährt ihr Vater. Kiddy vermißt ihn kaum. Er hat sie oft geschlagen. Ein türkisches Sprichwort sagt: »Wenn ein Vater liebt, schlägt er auch.« Vielleicht wußte Kiddys Vater selbst nicht, warum er sie schlug. Ohne Vater zu sein, bedeutet für Kiddy erst einmal, weniger Schläge zu bekommen.

Von ihrem Schulbesuch ist nicht mehr die Rede, obwohl die beiden Brüder schon längst in die Schule gehen.

Als Kiddy elf Jahre alt ist, werden alle Eltern durch ein Gesetz gezwungen, ihre Kinder in die Schule zu schicken. Endlich kann Kiddy auch zur Schule gehen!

Als sie in die Schule kommt, beginnen die andern Kinder wieder, sie zu hänseln. Aber sie kümmert sich nicht darum; für sie ist es ein Freudentag.

Sie lernt Lesen, Schreiben, Rechnen und Türkisch, die verordnete Muttersprache, die keine ist. Bisher sprach sie nur Kurdisch. Der Lehrer ist Kurde – eine Seltenheit in den anatolischen Dörfern. Um alle Kinder unterrichten zu können, gibt es auf dem Land zu wenig Lehrer. In Kiddys Schule fällt deshalb jedes Jahr der Unterricht für zwei oder drei Monate aus.

Kiddy ist fleißig und wird bald die Beste in der Klasse. Bei der Atatürk-Feier am 23. April müssen die Kinder öffentlich Gedichte aufsagen. Die Erwachsenen aus dem Dorf hören zu und klatschen Beifall. Viele Kinder trauen sich nicht, vor so vielen Menschen zu sprechen. Kiddy geht sogar zweimal nach vorne. Sie wundert sich selbst darüber, daß sie keine Angst hat, und erhält viel Lob.

Zum ersten Mal ist sie stolz auf sich. Endlich ist sie gegenüber den anderen Kindern einmal nicht nur die Geduldete. Sie will nicht mehr alles einstecken.

Aber es kommen auch wieder Schwierigkeiten auf sie zu. An einem der nächsten Tage macht sich ein Junge in ihrer Klasse über sie lustig. Sie will sich nicht mehr alles gefallen lassen und schlägt ihn.

Der Junge ist der Sohn des Bürgermeisters. Der Lehrer ist empört. Wie kann sie – ein Mädchen – diesen Jungen schlagen? Anstatt Kiddys schwaches Selbstbewußtsein zu stärken, gibt er ihr eine Ohrfeige. Er hat nicht gelernt, was es bedeutet, Kinder zu fördern und zu ermutigen. Es war schon mühsam genug für ihn gewesen, fließend Türkisch sprechen zu lernen. Auf Pädagogik wurde in seiner Ausbildung kein Wert gelegt.

Dann kommt der Vater plötzlich zu Besuch. Er will nicht lange bleiben, sondern bald wieder nach Deutschland zurückfahren. Aber diesmal nicht allein.

Kiddy wird ganz aufgeregt. Darf sie jetzt auch ins ferne Wunderland reisen? Nach einem Monat ist es soweit. Um acht Uhr morgens versammeln sich alle Leute aus dem Dorf um das Auto, das die Deutschland-Reisenden zum Flugplatz bringen soll. Kiddy hat Reisefieber.

Die Brüder und die kleine Schwester steigen ein. Da nimmt die Mutter den Hausschlüssel und drückt ihn Kiddy wortlos in die Hand. Hastig steigt sie zur übrigen Familie ins Auto.

Kiddy ist fassungslos. Sie schluchzt. Die Geschwister können ihr nicht in die Augen sehen.

Als das Auto außer Sichtweite ist, gehen die Leute nach Hause.

Kiddy setzt sich weinend auf die Treppe ihres Hauses. Sie steht nun völlig allein da. Ihre Mutter hat sie zum Abschied noch nicht einmal in den Arm genommen.

Damit Kiddy nicht verhungert, bekommt sie von der Nachbarin mehrere Male in der Woche Essen. Trösten will die Nachbarin das Mädchen nicht. Sie ist die geschiedene erste Frau von Kiddys Vater und recht böse über die Mutter. Auch andere Nachbarn reden in Kiddys Beisein abfällig über ihre Familie. Dieses Gerede mitanzuhören, fällt ihr noch schwerer als das Alleinsein. Niemand hat ein gutes Wort für sie. Kiddy ist voller Haß gegen ihre eigene Familie.

Geld bekommt Kiddy nicht. Neben dem, was ihr die Nachbarin bringt, lebt sie von Gemüse aus dem Garten. Den Weizen, der von der letzten Ernte noch übrig ist, tauscht sie bei Händlern gegen andere Lebensmittel.

Nach zwei Jahren kommt die Mutter zu einem Urlaub zurück in die Türkei. Kiddy freut sich, obwohl ihre Mutter sie zuerst nicht erkennt. In den zwei Jahren hat Kiddy sich äußerlich sehr verändert. Kiddy trägt Lumpen. Die Haare sind abgeschnitten. Sie macht einen schmutzigen Eindruck. Auf die Mutter wirkt sie ausgeflippt. Trotz ihrer Freude kann Kiddy ihre Mutter nicht umarmen. Sie kann nicht mehr an ihre Liebe glauben und will nicht wieder verletzt werden. Auch als die Mutter anfängt zu weinen, bleibt Kiddy verschlossen.

Zwei Monate bleibt die Mutter. Diesmal werde sie sie mit nach Deutschland nehmen, sagt sie Kiddy immer wieder. Kiddy wird langsam fröhlicher und lebhafter.

Jetzt, wo die Mutter aus dem reichen Deutschland zu Besuch kommt, interessieren sich die Leute im Dorf plötzlich für sie. Alle wollen ihre Freunde sein – in der Hoffnung, etwas von den mitgebrachten Geschenken abzubekommen.

Kurz bevor der Urlaub zu Ende ist, fahren Mutter und Tochter per Anhalter zu alten Bekannten in ein Nachbardorf. Die Wiedersehensfreude versetzt alle in eine positive Stimmung.

An einem Morgen – sie sind noch bei den Bekannten – steht Kiddy vor dem leeren Bett ihrer Mutter. Was ist das? Was ist passiert?

Die Mutter ist wieder nach Deutschland gefahren, ohne sie mitzunehmen! Kiddy kann es nicht fassen. In ihr ist eine große Leere. Die Bekannten erzählen ihr, daß die Mutter beim Aufstehen weinte. Bevor sie ging, sang sie leise ein trauriges Lied: »Ich hab dich lieb, du einsames Kind. Ich möchte dich nicht mehr allein lassen in diesem fremden Land . . .« Später erfährt Kiddy, daß ihr Vater die Mutter angewiesen hatte, Kiddy ja nicht nach Deutschland mitzubringen.

Nächtelang liegt Kiddy wach und grübelt. Warum ist alles so gekommen? Sie hat das Gefühl, daß der Abschied von ihrer Mutter endgültig war, für immer. Innerlich schreit es in ihr, aber äußerlich bleibt sie stumm. Sie kann nicht mehr weinen.

Sie soll jetzt bei der geschiedenen ersten Frau ihres Vaters wohnen. Diese arbeitet bei bessergestellten Leuten im Dorf: Sie schleppt Getreide zum Silo, drischt das Korn und fegt hinterher sauber.

Sie hat zwei Töchter. Eine ist genauso alt wie Kiddy. Sie behandelt Kiddy von oben herab und wird gegenüber der älteren Schwester immer vorgezogen. Die Ältere wird oft geschlagen. Sie fühlt sich genauso zurückgesetzt und verachtet wie Kiddy. Die beiden verstehen sich.

Bald wird der Frau aber das dritte Mädchen zuviel. Warum soll sie die Tochter ihres geschiedenen Mannes mit durchfüttern? An einem kalten, verregneten Wintertag jagt sie Kiddy unter Schlägen schimpfend aus der Wohnung. »Deine Mutter ist eine Hure, und du bist auch nur Dreck!«

Kiddy weiß, daß ihre Mutter keine Hure ist. Die Frau haßt sie nur, weil sie ihren geschiedenen Mann zurückhaben will.

Wenn sie Dreck ist, dann gehört sie auch in den Dreck, denkt sich Kiddy. Alles in ihr dreht sich. Sie humpelt davon und stürzt in ein leeres Schwimmbecken. Verzweifelt versucht sie, hinauszuklettern, aber sie schafft es nicht. Sie beginnt, an den Fingernägeln zu kauen, bis Blut kommt.

Gegen Abend schafft sie es doch, aus dem Becken zu klettern. Sie humpelt zurück zur geschiedenen Frau ihres Vaters. Von der kommt kein Wort der Begrüßung. Es ist, als ob ein Gegenstand wiedergefunden und ins Regal gestellt wird.

Die Heimat, die keine mehr ist

Kiddy kommt zu einer Frau in einem andern Dorf. Sie hat das Gefühl, nirgendwo hinzugehören, und wird immer einsamer, obwohl sie weiter zur Schule geht. Die anderen Jugendlichen im Dorf wollen mit so einem Problembündel nichts zu tun haben. Ihre eigenen Schwierigkeiten sind groß genug. Sie erfahren zu Hause wenig Liebe und um so mehr Gewalttätigkeiten, da die Väter meist nicht gelernt haben, Konflikte mit Worten auszutragen.

Mit zwölf Jahren soll Kiddy endlich nach Deutschland geholt werden. Wie wird es in diesem fernen, exotischen Land sein? Ihre Mutter kommt zu Besuch ins Dorf. Zwei Wochen vergehen für Kiddy zwischen Bangen und Hoffen. Ihre Mutter beteuert, daß sie sie diesmal mitnehmen wird. Dann kommt wieder ein Abschied. Kiddy läuft weg. Sie würde ein neues Abschiednehmen von ihrer Mutter nicht aushalten.

Die neue »Pflegemutter« geht auf Kiddy zu, versucht sie zu trösten. Aber Kiddy hat die Flucht nach innen angetreten. Sie glaubt nicht mehr daran, daß jemand es gut mit ihr meinen könnte. Tagelang sitzt sie mit ausdruckslosem Gesicht in einer Ecke. Sie beschließt: Ich will niemandem mehr vertrauen, nur mir selbst. Ich will ohne die andern zurechtkommen, egal, wie. Ich kann mir selbst helfen.

Die Familie, bei der sie jetzt wohnt, ist im Vergleich zu den anderen im Dorf reich. Es gibt einen Traktor und einen Mähdrescher. Verwandte in Deutschland haben bei der Anschaffung geholfen. Neben Getreide werden Mais, Erbsen und Melonen angebaut.

Obwohl die Familie nicht arm ist, sind auch ihre Töchter von morgens bis abends auf den Feldern.

Kiddy muß viel an ihre Eltern denken. Nach außen paßt sie sich in der neuen Familie an; was hätte sie auch sonst tun sollen? Als Mädchen mit einem gelähmten Bein? Aber sie fühlt sich nicht angenommen. Fatma, die Bäuerin, sorgt für sie, aber mit der Haltung: »Du hast mir gerade noch gefehlt.«

Das Mädchen trägt soviel Haß und Verletzungen mit sich herum. Wohin soll sie damit? Wohin soll sie mit ihrer nicht erwiderten Liebe?

Kiddy gibt sich nach außen hin stolz; sie will alles allein schaffen. Sie ist fast nur mit Erwachsenen zusammen. Nach außen gibt sie sich äußerst selbstbewußt, raucht – auch in der Öffentlichkeit, was für Mädchen im Dorf als äußerst unschicklich gilt, schlägt schnell zu, wenn sie sich durch Bemerkungen angegriffen fühlt.

Die alten Dorfbewohner finden Kiddy lieb. Sie sitzen unter Bäumen im Schatten und unterhalten sich gerne mit ihr. Für Kiddy ist das eine willkommene Abwechslung. Außerdem fühlt sie sich in solchen Augenblicken nicht so einsam.

Eines Tages lernt Kiddy im Dorf ein gleichaltriges Mädchen kennen, die genauso heißt wie sie. Die beiden sehen sich so ähnlich, daß sie Zwillinge sein könnten. Beide tragen lange Kleider und offene lange Haare, ohne Kopftuch. Wie viele Mädchen im Dorf gehen sie das ganze Jahr über barfuß.

Auch die Familie der andern Kiddy lebt in der Bundesrepublik. Beide bewegt dieselbe Frage: Wie komme ich nach Deutschland?

Kiddy hofft darauf, daß ihr Vater Geld schicken und sie sehr bald nachholen wird. Aber Tage, Wochen, Monate vergehen.

Die beiden Mädchen werden Freundinnen. Sie treffen

sich in jeder freien Minute am einzigen Brunnen des Dorfes, trinken Tee und lachen viel. Nicht nur äußerlich, auch in ihrem Wesen sind sie sich ähnlich. Sie malen sich aus, wie schön und wie vergnüglich es in Deutschland sein wird. Wieviel Abwechslung sie dort haben werden. Auf jeden Fall werden sie einen Beruf lernen und im Wohlstand leben. In Deutschland herrschen andere Sitten, haben sie immer wieder gehört; da lernen auch alle Mädchen einen Beruf.

Davon, wie die Menschen dort leben, wissen sie nichts. Sie träumen davon, in dem neuen, reichen Land den Sinn ihres Lebens zu finden, die innere Leere auszufüllen, der Gleichförmigkeit und Langeweile ihres Lebens im Dorf zu entkommen.

»Mensch, Kiddy, wenn du erst in Deutschland bist, kannst du auch dein Knie operieren lassen«, jubelt die

Kivah, yezidisches Dorf in Südost-Anatolien (Foto und Rechte: Alexander Sternberg-Spohr, Neu-Eichenberg bei Göttingen)

Freundin. »Dort gibt es gute Ärzte, die dich heilmachen werden.«

Beide stecken voller Lebenshunger und Lerneifer. Kiddy träumt von einer beruflichen Karriere. Welchen Beruf sie ergreifen will, weiß sie noch nicht. Hauptsache, sie wird frei und unabhängig und findet Menschen, die sie akzeptieren. Ihre Freundin träumt von einem reichen Mann, der sie bald heiraten werde.

Kiddy interessiert sich nicht für Reichtum. Sie will nicht verheiratet werden und wieder ein fremdbestimmtes Leben führen.

Beide sind sie der Meinung, die andere werde auf dem so eingeschlagenen Weg viel verpassen.

Aber noch sind sie nicht in Deutschland. Noch hocken sie in diesem elenden Dorf. Kiddy schläft mit den Töchtern der Pflegefamilie in einem Bett. Läden gibt es nicht im Dorf. Was die Familie braucht, wird in der sechzig Kilometer entfernten Stadt gekauft. Und das tun meistens die Männer. Für die Frauen bietet sich nur selten diese Möglichkeit, einmal aus dem Dorf herauszukommen. Die meisten Lebensmittel produzieren sie selbst. Gekauft werden nur Tee, Zucker, Oliven, selten Kaffee und Äpfel.

Die Arbeit tun vor allem die Frauen und Mädchen. Von fünf Uhr morgens bis sieben Uhr abends sind sie in der glühenden Hitze auf den Feldern. Die Mittagspause ist kurz.

Alles Wasser für die Familie muß vom einzigen Brunnen des Dorfes ins Haus getragen werden. Auch dies ist eine Arbeit, die nur die Frauen und Mädchen machen. Kiddy kann es nicht, aber bei allem andern muß sie tüchtig mit anfassen. Vier bis sechs Stunden täglich putzt, wäscht und kocht sie. Dafür bekommt sie Kaugummis und Zigaretten, eine armselige Anerkennung, über die sie sich aber freut.

Der Vater der Pflegefamilie ist arbeitslos, hat aber wohl auch kein Interesse, eine Arbeit zu finden. Er und die Söhne sitzen herum, spielen Karten, trinken Tee, reden über Frauen und die »Welt«.

Um sich von ihrer Langeweile und Anspannung abzulenken, hat Kiddy angefangen, zu rauchen. Bald sind es bis zu zwanzig Zigaretten am Tag. Die Familie hat nichts dagegen. Hauptsache, Kiddy bleibt so geduldig und ruhig wie bisher. Auf der Dorfstraße rauchen schon neunjährige Kinder.

Kiddy fängt an, das Dorf zu hassen. Von Woche zu Woche kommt es ihr häßlicher vor. Überall Dreck, wenig Wasser und keine richtigen Häuser aus Stein. Ihr erscheint es schmutzig und verkommen. Aber vielleicht liegt das auch daran, daß in ihr alles so dunkel ist.

Alle ihre Träume kreisen um Deutschland, einen Paß, das Zusammenleben mit den Eltern.

Später kommt es ihr so vor, als habe es in diesem Land nie einen Frühling gegeben, als sei alles immer ausgebrannt und grau gewesen.

In ihrer Pflegefamilie ist der Umgangston freundlicher als bei andern Familien im Dorf. Die Eltern nehmen ihre Kinder gelegentlich in den Arm, zeigen ihnen Liebe. Kiddy ist davon ausgeschlossen. Sie fühlt sich nicht akzeptiert. Nirgends hat sie ein wirkliches Zuhause.

An einem heißen Sommertag, bei etwa vierzig Grad im Schatten, hält sie es nicht mehr aus und läuft fort. Sie will in ihr dreißig Kilometer entferntes Heimatdorf, zur geschiedenen ersten Frau ihres Vaters. Mit ihrem kranken Bein kommt sie jedoch nur zwei Kilometer weit, dann holt eine Frau aus dem Dorf sie ein. Kiddy ist verzweifelt. Sie will nicht länger bei einer fremden Familie wohnen.

Die Frau, die ihr nachgelaufen ist, versucht, sie zu trösten, und verspricht, mit der Pflegefamilie zu reden.

Als Kiddy wieder zurückkommt, zeigt die Familie keinerlei Reaktion. Sie ist wieder da, das ist alles. Abends kann sie nicht einschlafen. Ihr wird klar, daß sie es in dem andern Dorf, bei der ersten Frau ihres Vaters, auch nicht besser gehabt hätte. Vielleicht hätte sie sich sogar geweigert, Kiddy wieder aufzunehmen.

Jetzt ist Kiddy beinahe froh, daß ihr Fluchtversuch mißglückt ist. Vielleicht wäre sie sonst nur noch einsamer und enttäuschter.

Lustlos und apathisch sitzt sie am nächsten Morgen vor ihrem Frühstück aus Tee, Käse und Oliven. Wie öfters hat sie Schwierigkeiten mit ihrem Kreislauf, dazu Kopfschmerzen. Wenn sie draußen doch einmal etwas anderes sehen könnte als Staub, Schmutz und Hitze!

Sie beschließt, was viele Erwachsene im Dorf tun: Zur Wahrsagerin zu gehen. Einmal in der Woche versammeln sich ganze Gruppen – hauptsächlich Frauen – in deren Haus im Dorf. Diesmal geht Kiddy auch hin.

Mit verschiedenen Getreidekörnern und Beschwörungsformeln beginnt die Sitzung. Die alte Wahrsagerin spricht einzelne Frauen an, stellt Fragen, sagt, was sie in der Zukunft erwarte. Kiddy ist es unheimlich zumute.

Jetzt befiehlt die Wahrsagerin ihr, ein Korn in die Hand zu nehmen und auf den Boden zu werfen. Die Alte hält inne, schüttelt den Kopf und raunt schließlich: »Ach, Kleine, du hast einen weiten Weg vor dir. Du wirst noch viele Schwierigkeiten bekommen, bevor du dein Ziel erreichst. Aber du brauchst keine Angst zu haben.«

Mit dem weiten Weg kann nur der Weg nach Deutschland gemeint sein, denkt Kiddy, und das Warten auf den

Paß und auf Geld. Nur zu gern will sie der Wahrsagerin glauben, daß schließlich doch alles gut wird.

Inzwischen hat die alte Frau eine Tasse und ein Pendel in die Hand genommen. Kiddy erinnert sich daran, wie ihre Mutter häufig das Tassenrücken praktiziert hat, bevor sie nach Deutschland fuhr. So macht es die Wahrsagerin jetzt auch. Kiddy ist nicht beeindruckt. Es kommt doch nur heraus, was man selber schon weiß. Aber immer wieder muß sie an die Voraussage der Frau denken: »Du wirst dein Ziel erreichen.«

In ihr ist alles ganz wirr. Ängste und Fragen quälen sie. Wäre es besser gewesen, nicht zu der Wahrsagerin zu gehen? Welches Ziel meinte diese Frau – Deutschland oder etwas ganz anderes? Anstatt in eine neue Sicherheit ist Kiddy in größere Unsicherheit geraten.

Eine Woche später kommen ein Mann und eine Frau aus dem Irak ins Dorf. Es sind yezidische Missionare, vom Volk als Heilige, weise Menschen und Propheten angesehen. Wer sie ehrt und ihnen Geld gibt, heißt es nach dem yezidischen Glauben, dessen Fehltritte sind vergeben. Denn sie gelten als gottähnlich, als Berufene.

Der Mann ist ganz in Weiß gekleidet. Er bezeichnet sich selbst als Heiliger und lehrt im Dorf, was Sünde sei: Die Frauen dürften sich nicht länger die Haare abschneiden lassen, nicht mehr die Fingernägel lackieren, keine Hosen anziehen.

Kiddy denkt: »Die spinnen wohl. Wartet nur – hier tue ich, was ihr sagt, was angeblich Gottes Wille ist. Aber in Deutschland werde ich tun, was ich will!«

Aber dann überfällt sie eine merkwürdige Angst. Was ist, wenn die Geister, von denen der »heilige« Mann spricht, sich rächen? Hat nicht auch die Wahrsagerin von

Geistern geredet? Depressionen überfallen Kiddy, Alpträume und riesige Ängste. Sie spürt nur noch Angst, Enge und Kälte. Hätte sie besser nicht zur Wahrsagerin gehen sollen?

Im ganzen Dorf ist niemand, der der Wahrsagerin nicht glaubt. Jedenfalls sagen alle, sie täten es. Was die Leute wirklich glauben, sprechen sie nicht aus. Kiddys Eltern sind auch Yeziden. Das ist eine Geheimreligion, die einige christliche und einige islamische Elemente aufgenommen hat. Geglaubt wird an einen Engel, der eigentlich der Teufel ist. Dieser sagt, was die Menschen tun, wie sie sich anziehen, wie sie beten sollen. Der Glaube enthält viel Angst und Haß. Nach dem Tode, so heißt es, lebten die Menschen in völliger Dunkelheit weiter; sie könnten einander nur hören, nicht sehen.

In ihrer Not betet Kiddy zu Allah und schreit: »Ich will zu meinen Eltern! Warum werde ich nicht geliebt? Allah, warum läßt du das zu? Siehst du überhaupt, was hier mit mir los ist?« Aber sie erfährt keine Antwort, kein Zeichen, daß wenigstens Allah sie annimmt, wenn schon ihre Eltern sie verstoßen haben.

Eines Abends erzählt eine Frau Kiddy von einer Familie, die sich darauf vorbereitet, nach Deutschland zu fahren. Ob die sie mitnehmen? Ihr Haus ist fünf Stunden Fußweg entfernt, und es sind fünfundvierzig Grad im Schatten. »Ich muß es wagen«, denkt Kiddy, »auch wenn mir nachher vielleicht wochenlang die Füße und der Rücken wehtun.«

Als sie schließlich die Strecke geschafft hat, fährt die Familie sie an. Was ihr einfiele? Sie hätten schon genug mit ihren eigenen Kindern zu tun.

Wie versteinert steht sie vor dem fremden Haus. Nach

einer Weile macht sie sich wieder auf den schweren Rückweg.

Am nächsten Morgen erzählt ihr die Pflegemutter, daß ihr Mann bald nach Deutschland fahren und sie wahrscheinlich mitnehmen werde. Kiddy hat schon so oft versucht, ihn zu überreden. Aber immer ohne Erfolg. Und nun diese Überraschung! Kiddys Stimmung hebt sich.

Tatsächlich begleitet Herr S., der Pflegevater, sie ein paar Tage später in die Stadt Urfa zur Paßbehörde. Sie müssen sehr früh aufstehen und die ersten dreizehn Kilometer zu Fuß gehen. Dann fahren sie etwa eine Stunde per Anhalter bis in die Stadt.

Kiddy ist fast verrückt vor Freude. Nie hat der Vater auf ihre Briefe geantwortet. Soviel Groll, Vorwürfe und Haß stauten sich in ihr auf. Aber jetzt hat er Herrn S., dem Pflegevater, Geld für die Reise angekündigt. Auch für Herrn S. ist das eine günstige Gelegenheit, nach Deutschland zu kommen. Als Begleiter eines teilweise gelähmten dreizehnjährigen Mädchens würde er leichter die Grenzkontrollen passieren können.

Die Paßbehörde ist in einem großen, gelben Haus, das Kiddy sehr gut gefällt. Stolz geht sie hinein. Heute hat sie einen neuen, schönen Rock und eine schönere Bluse an als sonst. Sogar Schuhe hat ihr der Pflegevater gekauft. Ihre Mutter hat ihm beim letzten Besuch Geld für diesen Anlaß gegeben.

Für ihn sind Verhandlungen mit Behörden besonders schwierig, weil er kaum Türkisch kann. Kiddy muß vieles übersetzen. Dabei kennt sie die amtlichen Ausdrücke auch nicht alle. Herr S. aber wundert sich: »Mensch, Kiddy, bist du intelligent! Wenn du auch noch Deutsch lernst, kannst du vielen Türken und Kurden in Deutschland helfen.«

Dieses Lob tut Kiddy gut. Sie, das humpelnde, verschwitzte Mädchen, wird zum ersten Mal bewundert.

Lange müssen sie in der Behörde warten. Die Luft ist stickig, man kann kaum atmen. Alle, die mit ihnen warten, schwitzen. Nach zwölf Stunden Anstehen wird es Kiddy schwarz vor den Augen.

Aber der Beamte, zu dem sie schließlich eingelassen werden, ist freundlich. Und am Ende des Tages sind ihre Paßanträge genehmigt.

Zwei Tage später dürfen sie sie abholen. Sie müssen wieder warten, wieder Geld bezahlen, aber dann halten sie die ersehnten Dokumente in den Händen.

Nach ein paar Tagen schickt Herr S. ein Telegramm an Kiddys Vater nach Deutschland mit der Bitte, ihm das Geld für Kiddys Flugticket zu überweisen.

Kiddy hat schon wieder etwas von ihrer neuen Hoffnung verloren. Was wird, wenn der Vater das Geld nicht schickt? »Mach dir keine Sorgen«, beruhigt sie Herr S., »mein Bruder wohnt auch in Deutschland. Der wird bei deinem Vater schon Dampf machen. Schlimmstenfalls kann er das Geld vorschießen. Dann muß dein Vater ihm das Geld zurückgeben.«

Das deutsche Reisegeld soll Kiddy auch als Bestätigung dafür dienen, daß sie nicht als Asylbewerberin nach Deutschland einreisen will, sondern als Kind, dessen Familie bereits in Deutschland lebt.

Das Telegramm ist abgeschickt, es vergeht Tag um Tag, doch von den Eltern kommt keine Antwort. Kiddy verflucht sie; sie ist verzweifelt. Als nach etwa zwei Wochen immer noch keine Nachricht eintrifft, schlägt Herr S. vor, schon nach Istanbul zu fahren und dort in einem Hotel am Flughafen auf ein Telegramm zu warten.

Familie S. packt Koffer. Kiddy verschenkt ihre Sachen unter den Leuten im Dorf. Sie will nicht viel aus ihrem alten Leben mit nach Deutschland nehmen.

Am nächsten Morgen kommen alle zum Abschiednehmen. Kiddy merkt, daß ihre Pflegefamilie sie inzwischen mag. Kiddys Rücksichtnahme in der Familie und ihr Gehorsam gegenüber Älteren haben ihr Achtung gebracht. Aber Kiddy will nicht mehr an ihr Leben in diesem Dorf denken. Sie will weg, nur weg.

Ein Bekannter bringt sie und Herrn S. mit dem Auto in die nächste Stadt. Von dort fährt ein Bus nach Istanbul. Etwa vierundzwanzig Stunden braucht er von einem Ende der Türkei zum andern. Der Fahrer und die Mitreisenden sind alle freundlich. Aber es ist voll. Kiddy stöhnt innerlich. Ihr graut vor der langen Fahrt in dem heißen, stickigen Bus. Die andern schlafen schnell ein. Kiddy überfällt eine fast panische Angst, irgend jemand könne Herrn S. das Geld aus der Tasche stehlen, so daß der deutsche Traum ausgeträumt wäre. Herr S. dagegen schnarcht seelenruhig neben ihr.

Schließlich sind sie in Istanbul. Tokapi heißt die Haltestelle, wo sie aussteigen.

»Warum gucken mich die Leute so komisch an?« fragt sich Kiddy, als sie auf die Straße gestiegen ist. Sehe ich so anders aus? Oder ist es wegen meines Beines?

Im Hotel fragt Herr S. den Chef sofort nach dem Telegramm aus Deutschland. Bedauernd schüttelt der den Kopf. Nein, es ist keine Post aus Deutschland gekommen. Wieder beruhigt Herr S. Kiddy. Noch eine Woche wolle er warten.

Sie stellen fest, daß ihnen noch Ausreisepapiere fehlen. So muß Herr S. noch einmal die lange Fahrt nach Urfa machen. Das sind hin und zurück rund zweitausend Kilometer.

Kiddy bleibt für Tage alleine in dem Hotel und in der fremden Stadt, wo sie niemanden kennt. Was ist, wenn sie zwischen diesen Millionen von Menschen verlorgengeht? Sie kauft sich Obst, Brot und Käse und ißt auf ihrem Zimmer.

Nach einer Woche trifft sie zwei etwa gleichaltrige Mädchen in der Hotelhalle. Sie findet sie nett. Sie unterhalten sich, müssen gleich lachen und beschließen, etwas zusammen zu unternehmen. Da Siman und Yildiz Istanbul noch weniger kennen als Kiddy, zeigt sie ihnen etwas von der Stadt. An einem der nächsten Tage gehen sie zusammen schwimmen. Sie werden richtige Freundinnen und haben viel Spaß miteinander.

Doch nach einer Woche fahren die beiden Mädchen nach Deutschland, und Kiddy ist wieder allein.

Herr S. ist immer noch nicht zurückgekehrt. Kein Flugticket, kein Telegramm, kein Herr S. Was soll nur werden? Kiddy fühlt sich entsetzlich einsam.

An diesem Abend lädt der Hoteldirektor, ein Mann Mitte fünfzig, Kiddy zu sich ein. Er hat sie schon eine Weile beobachtet und sich mehrere Male mit ihr unterhalten. »Du wirst in Deutschland vielen Menschen helfen«, sagt er ihr an diesem Abend. »Gott ist groß. Er wird dich verändern und dir beistehen.«

»Woher weiß er das?« denkt Kiddy. Warum sagen das mehrere Leute zu ihr? Die halbe Nacht muß sie über die Worte des Hoteldirektors nachdenken. »Wie soll ich Menschen helfen können? Ich bin doch unbeliebt und behindert. Ich kann mir ja selbst kaum helfen. Auf mich legt niemand Wert. Noch nicht einmal meine Eltern.«

In einem der nächsten Tage klopft es plötzlich an ihrer Zimmertür. Sie wagt nicht, zu öffnen, und fragt nur ängstlich: »Wer ist da, bitte?«

»Hier ist der Chef«, ertönt es energisch. »Sie sollen in die Halle herunterkommen. Dort wartet jemand auf Sie.«

Kiddy ist froh, als sie die vertraute Stimme des Hoteldirektors hört. Wer wartet da auf sie? Vielleicht Herr S.? Oder ihr Vater? Dann wäre alles wieder gut. Kiddy ist aufgeregt. Aber sie traut sich noch nicht viel zu erhoffen.

In der Hotelhalle ist sie enttäuscht. Da steht ein Mann, den sie noch nie gesehen hat. Ein sehr großer, dicker Mann in dunklem Anzug und mit ernstem Gesicht. Er kommt auf sie zu.

»Du brauchst keine Angst zu haben, Kleines. Ich bin Kommissar D. Ich will dir helfen. Setz dich doch hin.« Zögernd und unsicher nimmt Kiddy Platz.

»Kennst du mich nicht mehr?« begann der Polizist in Zivil die Unterhaltung. Da fällt es Kiddy wie Schuppen von den Augen: Dieser Mann war früher manchmal zur Inspektion in ihr Dorf gekommen und dann immer neben dem Bürgermeister gegangen. Von ihm hatte ihr Vater hin und wieder Kaffee bekommen.

»Na, ist jetzt alles klar?« fragt er. Kiddys Gesichtszüge entspannen sich.

»Aber wie kommen Sie hierher?« fragt sie.

»Dein Vater hat mich angerufen. Ich nehme dich erst einmal mit zu mir. Außerdem wird das Hotel auf die Dauer zu teuer für dich.«

Kiddy ist erleichtert. Endlich ist sie nicht mehr allein. So verläßt das ungleiche Paar – der breitschultrige Kommissar und das humpelnde, zierliche Mädchen – die Hotelhalle.

Fatma, die Frau des Kommissars, empfängt sie wie eine Lieblingskusine. Zum ersten Mal ist Kiddy in einer Familie, wo sie sich wohlfühlt. Staunend sieht sie sich in der Wohnung um. Drei geräumige Zimmer und in dem einen ein Fernseher. So etwas hat Kiddy noch nie vorher gesehen. In der einen Wohnung wohnt der Kommissar mit Fatma und seinen beiden Söhnen; nebenan wohnt seine zweite Frau, ebenfalls in einer großen Wohnung.

Wie zwei Freundinnen fahren Fatma und Kiddy zusammen zum Einkaufen in die Innenstadt von Istanbul. Kiddy genießt das.

Eine Woche vergeht, dann ruft ihr Vater an. Fatma holt sie ans Telefon. Der Vater redet belangloses Zeug. Kiddy will nur wissen, was mit dem Flugticket wird. Aber da weicht der Vater aus. Dann ist das Gespräch zu Ende.

Kiddy starrt vor sich hin. Wie ein Film läuft in Sekundenschnelle ihr bisheriges Leben vor ihr ab. Ihr Dorf, der Abschied von den Eltern, die zweite Pflegefamilie, das Hotel in Istanbul.

Fatma versucht, sie zu trösten und ihr gut zuzureden. Aber Kiddy ist nicht mehr ansprechbar. Nach ein paar Tagen klingelt wieder das Telefon. Herr S., der Pflegevater, ist am Apparat. Er ist wieder in Istanbul. Kiddy solle in das Hotel zurückkommen, wo sie bis vor zehn Tagen auf das Telegramm gewartet hat. Der eine Sohn des Kommissars soll sie hinbringen.

Was hat das jetzt zu bedeuten? fragt sich Kiddy. Fliegen wir nun nach Deutschland oder nicht?

Fatma nimmt sie noch einmal in die Arme und schenkt ihr zum Abschied eine Halskette.

Im Hotel erklärt Herr S. Kiddy, warum er sie solange hat warten lassen. Er wurde einfach nicht schneller mit dem Papierkrieg in der Paßbehörde fertig. Jedesmal, wenn er meinte, es geschafft zu haben, türmten sich neue Schwierigkeiten auf.

»Und was ist mit meinem Flugticket?« will Kiddy wissen. Herr S. hat ihren Vater so unter Druck gesetzt, daß das Ticket übermorgen da sein müßte.

Nach vier Tagen ist es tatsächlich da. Endlich! Mit einem Taxi fahren sie zum Flughafen. Kiddy wird ihr Land verlassen. Zum ersten Mal wird ihr das bewußt. Was kommt in Deutschland auf sie zu? Wird ihre Freude über die Eltern alles andere überwiegen?

Am Flughafen müssen sie als erstes zur Paßkontrolle. Da alle Plätze der 19 Uhr-Maschine besetzt sind, bleibt ihnen nichts anderes übrig, als die Nacht auf den harten Bänken in der Abfertigungshalle zu verbringen. Morgens um sieben wird wieder eine Maschine fliegen. Polizisten patrouillieren regelmäßig durch die Halle. Herr S. schnarcht. Kiddy kann vor Aufregung und Unbequemlichkeit nicht schlafen.

Gegen fünf Uhr muß sie zur Toilette. Als sie zurückkommt, ist Herr S. fort. Holt er seine Koffer? Wo kann er sein? Verbissen zwingt sich Kiddy zur Ruhe. Nach einer Stunde kommt Herr S. zurück und weint. Er hat Angst, nicht durch den Zoll zu kommen, weil er soviel Gepäck hat. Außerdem ist er in der Bundesrepublik schon einmal als Asylbewerber abgelehnt worden, vor drei Jahren. Sein ganzes Geld haben Reisekosten, Papiere, Hotel und Zoll verschlungen. Er ist am Ende, sieht nur noch schwarz.

Kiddy hat nur ganz wenig Gepäck. Sie erklärt einen Teil seines Gepäcks zu ihrem und nimmt die Sache selbst in die Hand. Mit dem Mut der Verzweiflung marschiert sie auf die Polizeisperre zu.

»Sie müssen Herrn S. mit durchlassen«, sagt sie in bestimmtem Ton. »Er soll mich nach Deutschland begleiten. Allein gehe ich unter.«

Zuerst stellen die Polizisten sich stur. Aber nach langem Flehen und Betteln geben sie nach. »Mach das aber nicht noch einmal, Kleines«, ruft der eine Wachhabende hinter ihr her.

Kiddy ist schon am nächsten Schalter. Wieder wird sie nach Herrn S. befragt. Sie gibt vor, ihn über ihren Onkel zu kennen. Die ganze Zeit spricht sie fließend Türkisch. Bewundernd blickt Herr S. auf das Mädchen neben sich: »Ich bin stolz auf dich. Ich glaube, du wirst auch in Deutschland Menschen helfen, die nicht mehr weiterwissen. Vielleicht wirst du noch mal berühmt!«

»Was soll ich damit?« denkt Kiddy. »Geborgenheit und Liebe – danach sehne ich mich. Werde ich das von meinen Eltern in Deutschland bekommen? Oder von den Deutschen? Bis jetzt habe ich nur Traurigkeit erlebt. In Deutschland muß alles anders werden.«

Kiddy ist noch immer in ihre Gedanken versunken, als der Abflug ausgerufen wird. Im Flugzeug schläft sie völlig übermüdet sofort ein.

Warum tragen sie keine Schuluniform?

Als das Flugzeug in Hannover landet, weint Kiddy nicht als einzige. Die Heimat zu verlassen, ist nicht so leicht, selbst wenn man große Pläne in der Fremde hat.

In der Ankunftshalle des Flughafens warten viele Türken auf ihre Verwandten. Kiddys Eltern sind nicht dabei. Sie wartet vergebens. So nimmt Herr S. sie vorläufig mit zu seinen Verwandten nach Celle.

Erst nach vierundzwanzig Stunden ist Kiddy endlich in der Wohnung ihrer Eltern. Der Vater ist in Hannover. Weinend schließt die Mutter sie in die Arme.

Der Freude folgt der erste Vorwurf: »Warum hast du deine schönen Haare abgeschnitten?«

»Sie gingen mir bis zur Hüfte, und ich hatte keine Kraft mehr, sie jeden Tag zu waschen. Aber ich kann sie mir ja wieder wachsen lassen.«

Die Geschwister erkennen Kiddy zuerst nicht. Sie reagieren nicht besonders erfreut auf ihre Ankunft. Für sie war das Kapitel Kiddy abgeschlossen. Jetzt soll die Schwester plötzlich bei ihnen leben.

Zwei Stunden später betritt der Vater die Wohnung. Er habe auf eine falsche Maschine in Hannover gewartet. Die Mutter glaubt ihm nicht. Streit liegt in der Luft. Soll das der neue Anfang hier in Deutschland sein? Kiddy bittet die Eltern, sich nicht zu streiten, nicht an ihrem ersten Abend.

Die Eltern wundern sich über ihre reife Tochter. Bis in die Nacht erzählt Kiddy von ihrem Leben in der Türkei. Das ersehnte Zusammensein mit ihrer Mutter und ihrem Vater genießt sie in vollen Zügen.

Auch die Wohnung findet sie sehr schön. Sie bewundert

die neuen Stühle, Tische und Schränke. Das findet sie »toll«.

Nach wenigen Wochen melden die Eltern sie in der Schule an. Kiddy kann noch kein Wort Deutsch und steht plötzlich dreißig Jugendlichen der achten Klasse gegenüber, von denen außer ihrem jüngeren Bruder und zwei andern türkischen Jungen keiner Türkisch spricht. Alle starren sie an. Alle sind modisch angezogen, nur Kiddy nicht. »Warum tragen sie keine Schuluniform?« fragt sie sich. In ihrem Kleid, in das die Mutter sie gesteckt hat, fühlt sie sich sehr unwohl.

Der Lehrer weist ihr einen Platz zu. Einige Schüler tuscheln und wippen mit ihren Stühlen. »Warum schlägt der Lehrer sie nicht wie in der Türkei? Die müssen doch aufpassen«, denkt sie. Und wie werden sie je ihre Hausaufgaben machen ohne Druck?

Von Anfang an hört Kiddy jede Stunde genau zu. Jedes Wort saugt sie in sich auf. Sie will so schnell und soviel wie möglich lernen. Nach einem Jahr versteht sie fast alles, was Lehrer und Mitschüler sagen. Mit dem Sprechen ist es allerdings noch mühsam. Außerhalb der Schule hat sie kaum Gelegenheit, Deutsch zu sprechen. Nach der Schule lassen die andern sie links liegen. Trotzdem oder gerade deshalb will sie wie eine Deutsche leben.

Ihr Vater ist nicht damit einverstanden: »Uns ist egal, was die Deutschen machen. Wie sie leben, das ist nicht gut. Befreunde dich nicht mit deutschen Mädchen. Die sind immer nur mit Jungen zusammen und gehen in die Disco. Deutsche Mädchen müssen auch keine Jungfrauen sein. Wenn unsere türkischen Nachbarn dich mit Deutschen sehen, werden sie das in der Türkei erzählen und uns da schlechtmachen. Und auf keinen Fall darfst du mit Jungen etwas zu tun haben!«

Kiddy mit fünfzehn Jahren

Kiddy will nichts davon hören. Für sie ist das alles Quatsch. Sie will nicht in der neuen Klasse, der neuen Umgebung schon wieder einsam sein.

Als ein deutsches Mädchen ihre Freundin wird, ist sie überglücklich. Das Mädchen geht auf die Realschule. Sie ist ein Jahr älter. Kiddy lernt sie durch ihren Bruder kennen.

Zwei Nachmittage in der Woche gibt sie Kiddy Deutschunterricht: Wörter und Grammatik. Zum ersten Mal zieht Kiddy Hosen an und legt ihr Kopftuch ab. Daß die Eltern maßlos wütend sind, ist ihr egal.

Die Mutter versucht sie immer wieder zu überreden: »Du mußt Kopftuch und Rock mit langer Hose tragen.« Kiddy rebelliert: »Das habe ich in der Türkei doch auch nicht angezogen. Ich will wie eine Europäerin leben.«

Jedesmal, wenn sie eine Hose anzieht, bekommt sie vom Vater eine Ohrfeige. Aber das tut weniger weh, als weiterhin in türkischer Mode in die Schule zu gehen und dort Spießruten zu laufen. »Ich will hier leben wie die andern Jugendlichen auch, und nicht wie in einem versumpften Dorf in der Türkei.«

Inzwischen hat sie auch in ihrer Klasse eine Freundin gefunden. Sie heißt Doris. Die beiden mögen sich sehr gern. Kiddy möchte so leben wie sie.

Nur wenn Kurden oder Türken zu Besuch kommen, paßt sich Kiddy an. Draußen ist Deutschland, drinnen die Türkei – draußen Blue jeans, drinnen Kopftuch. Aber hinter verschlossenen Türen geht es unter den Männern, deren Frauen noch in der Türkei sind, alles andere als gesittet zu. Bis nachts um drei werden Unmengen Raki, Whisky und Bier getrunken. Dabei gröhlen und tanzen die Männer. Sie ertränken im Alkohol die Verbitterung über die innere Kälte, die ihnen in Deutschland entgegenschlägt.

An den Wochenenden darf Kiddy keine Freundinnen besuchen. Sie hat die Eltern und deren Besuch zu bedienen. Es kommen immer dieselben Leute. Sie werden schnell aggressiv, erst recht unter Alkoholeinfluß. Kiddy muß nachschenken, die Aschenbecher leeren, leere Flaschen wegräumen, abwaschen. Jede Woche muß sie die Gardinen abnehmen und waschen.

Der Vater reagiert seine Verbitterung über die Verachtung ab, die ihm Deutsche jeden Tag entgegenbringen. Er droht, er werde Kiddy zusammenschlagen, wenn sie am Wochenende zu ihrer Freundin ginge. Er will sie von deutscher Kultur fernhalten. Aus Angst bleibt Kiddy meistens zu Hause. Sie besucht auch ihre Freundin nicht mehr. Nur in der Schule können sie noch zusammensein. Außerhalb der Schule besteht ihr Leben aus Bedienen, Aufräumen, Saubermachen – jeden Abend, jedes Wochenende.

Kiddy wiederholt die achte Klasse. Bei dem Lärm zu Hause kann sie nie lernen. Wie soll sie da vorwärtskommen? Nach der neunten Klasse wird sie mit sechzehn ohne Hauptschulabschluß entlassen. Die Schule schlägt die Teilnahme an einer Förderung für ausländische Schüler vor. Kiddys Vater verbietet ihr das.

Doris hat inzwischen einen festen Freund gefunden, einen Afghanen, mit dem sie durch die Diskotheken und Kneipen zieht. Bald darauf heiraten die beiden. Kiddy fühlt sich wieder sehr allein.

Ihr Vater wird immer strenger. Kiddy hat praktisch keine Chance, neue Freunde kennenzulernen, wenn sie nicht mit der Familie oder der Tradition brechen will. Sie will nicht länger wie eine Fremde in diesem Land leben, aber das Leben mancher deutscher Frauen, ohne inneren Halt, will Kiddy auch nicht führen.

Kurz nach ihrer Schulentlassung kommt ein Brief an Kiddy, den ihr Vater wie immer zuerst öffnet und liest. Das Arbeitsamt bietet Kiddy einen Fortbildungslehrgang an. Drei Jahre soll er dauern.

Ihr Vater ist dagegen: »Du solltest darauf verzichten und lieber tausend Mark in der Fabrik verdienen.«

Kiddy nimmt den Fragebogen vom Arbeitsamt und läuft aus der Wohnung. Die Nachbarn sollen ihr helfen, den Bogen auszufüllen.

Hinterher schlägt der Vater sie und zerreißt den Fragebogen.

Die Mutter versteht sie auch nicht. »Die anderen türkischen Mädchen gehen doch auch in die Fabrik. Was willst du noch auf der Schule?«

»Ohne Beruf gehe ich kaputt!« schreit Kiddy ihr verzweifelt entgegen. »Außerdem werde ich ohne Beruf doch nur wieder ausgenutzt.«

Barsch entgegnet der Vater: »Wir sind keine Deutschen, und ich bin der Herr der Familie. Du hast zu gehorchen.«

Jedes weitere Gespräch ist sinnlos. Kiddy besorgt sich heimlich einen neuen Fragebogen und fälscht nach langem Üben die Unterschrift des Vaters.

Mit Herzklopfen geht sie zum Arbeitsamt. Der Sachbearbeiter bemerkt die Fälschung nicht.

Wenige Tage später kann Kiddy den Lehrgang beginnen.

Als ihr Vater erfährt, wohin sie jeden Morgen geht, verprügelt er sie und schließt sie ein. Zweimal springt Kiddy vom Balkon im ersten Stock. Sie will lieber sterben, als weiter so verzweifelt zu leben. Aber sie bleibt unverletzt.

Von dem Geld, das das Arbeitsamt auf das Konto ihres Vaters überweist, sieht sie keinen Pfennig. Zur Schule muß sie fast vierzig Kilometer mit der Bahn schwarzfahren. Immer wieder fragt der Lehrer, warum Kiddy so verschlossen sei. Sie schweigt. Der Lehrer ist Türke; im Zweifelsfall würde er zu ihrem Vater halten.

Sie bettelt um das Geld für die Monatskarte, fragt, warum sie nicht das bekomme, was ihr doch zustehe.

Dem Vater ist ihre Entwicklung zur Selbständigkeit lästig. Er will sich nicht dauernd mit neuen Fragen herumschlagen. Er selbst erfährt durch seine deutsche Umgebung häufig Ablehnung und will nicht, daß Kiddy sich dieser fremden Welt anpaßt und ein Teil von ihr wird. Deshalb kämpft er gegen ihre Pläne. Da er nicht gelernt hat, Konflikte mit Worten auszutragen, schlägt er immer wieder zu. Wenn er nach Hause kommt, müssen Kiddy und ihre Schwester ihm die Füße waschen.

Als sie mit siebzehn Jahren ein eigenes Konto eröffnet, bekommt sie wieder Schläge. Dabei möchte sie gar keinen Alkohol trinken, keine falschen Freunde in Diskotheken kennenlernen, wie viele deutsche Mädchen. Sie will nur ohne schlechtes Gewissen mit der Bahn zur Schule fahren können. Endlich kommt sie jetzt an ihr Geld.

Nach einem halbjährigen Malerlehrgang disponiert Kiddy um und fängt in derselben Schule an, Hauswirtschaft zu lernen. Das findet sie interessant.

Als sie kurz darauf wie üblich auf den Zug wartet, lernt sie Simone kennen. Sie wird ihre neue Freundin.

Simone hat viele Probleme und trinkt häufig Bier. Kiddy trinkt ab und zu ein Glas mit; sie will ihr Gehirn mit Alkohol zerstören. Irgendwann fängt sie an, Haschisch zu rauchen.

Mit achtzehn Jahren kann sie den Hauswirtschaftslehrgang erfolgreich abschließen, den ihr das Arbeitsamt finanziert hat. Ihre Beurteilung ist so gut, daß sie eine Lehre als Schneiderin angeboten bekommt. Aber gerade in dieser Zeit muß Kiddy ins Krankenhaus; der Zustand ihres gelähmten Beines ist besorgniserregend.

Suche nach Freiheit

Zehn Wochen bleibt sie im Krankenhaus. Sie erhält Bewegungstherapie und Massagen. In dieser ganzen Zeit bekommt sie nur ein einziges Mal Besuch – von ihrem Vater, den der Arzt dazu gedrängt hat. Warum ihre Mutter sie nicht besucht, weiß sie nicht.

Eine junge Krankenschwester, Anke, kümmert sich um sie, soweit das bei ihrer knappen Zeit möglich ist. Eines Morgens legt sie Kiddy ein dickes Buch auf den Tisch – 1176 Seiten. Es ist das Neue Testament in türkischer Übersetzung. Die ersten 465 Seiten verschlingt Kiddy und erfährt so etwas wie Trost. Es ist, als ob sich ihr Herz ein Stückchen öffnet, als ob es nicht mehr so hart ist. In dem Buch findet sie etwas, wonach sie sich schon lange gesehnt, was sie lange gesucht hat.

Vor ihrer Entlassung schreibt ihr Schwester Anke ins Poesiealbum: »Jesus spricht: Kommt zu mir alle, die ihr mühselig und beladen seid, ich will euch erquicken. – Das gilt auch für Dich, Kiddy.«

Kiddy versteht den Satz nicht. Was hat das, was Jesus sagt, mit ihrem Leben zu tun? Aber sie liest zu Hause weiter in dem Buch.

Über die angebotene Lehrstelle als Schneiderin ist sie sehr froh. Aber der Vater ist wieder dagegen. Er holt Kiddy frühmorgens aus dem Bett und fährt sie vor einige Fabriktore. Kiddy hat Glück im Unglück: keine Fabrik stellt das behinderte Mädchen ein.

Kiddy ist inzwischen volljährig. Sie braucht nicht länger die Unterschrift des Vaters zu fälschen, um einen Ausbildungsvertrag unterschreiben zu können. Zunächst besucht sie jetzt einen Vorbereitungskurs, bevor sie die Schneiderlehre beginnt.

Nach wenigen Tagen lädt Schwester Anke sie zu sich nach Hause ein. In ihrer Wohnung herrscht eine Atmosphäre des Friedens. Kiddy staunt darüber. Anke erzählt ihr, was sie mit Jesus erlebt hat. Kiddy beschließt, weiter in dem Buch zu lesen, das Anke ihr geschenkt hat.

Bevor sie geht, betet Anke für sie. Kiddy kann zum ersten Mal in ihrem Leben tief durchatmen. Sie spürt, wie Wärme durch ihren ganzen Körper strömt.

In drei Wochen liest Kiddy das Neue Testament und die Psalmen. Einige Verse gehen ihr sehr nahe. Sie schreibt sie ab: »Ich wünsche euch Gnade und Frieden von Gott; von ihm, der immer da ist, der von Anfang an war und der kommen wird. Gnade und Frieden auch von seinem Heiligen Geist, der vor Gottes Thron ist, und von Jesus Christus, der uns zuverlässig Gottes Wahrheit bezeugt. Er ist als erster von den Toten auferstanden und herrscht über alle Könige dieser Erde. Er, der uns liebt und durch seinen Tod am Kreuz von unseren Sünden befreit hat, er gibt uns Anteil an seiner Herrschaft und hat uns zu Priestern gemacht, die Gott, seinem Vater, dienen. Ihm gehören Ehre und alle Macht für immer und ewig. Das steht unumstößlich fest! Seht! Jesus Christus wird – für alle sichtbar – wiederkommen. Alle Menschen werden ihn sehen, auch die, die ihn ans Kreuz geschlagen haben. Dann werden alle Völker dieser Erde jammern und klagen. Das ist ganz sicher. 'In meiner Macht steht alles, von A bis Z. Ich bin der Anfang, und ich bin das Ziel', spricht Gott, der Herr. Er ist immer da, von allem Anfang an, und er wird kommen: der Herr über alles!« (Offenbarung 1,4-8)

Kiddy bekommt eine Ahnung davon, was es heißt, daß

Jesus Gottes Sohn ist, daß er für sie, für ihre Sünden gestorben und auferstanden ist und lebt.

Sie will das erleben, was in der Bibel verheißen ist, sie will an Jesus glauben, ihr Leben soll ihm gehören.

Wer außer Gott könnte ihre quälenden Fragen beantworten? Sie geht in die nächstbeste Gemeinde in den Gottesdienst, die Teestube und den Bibelkreis. Bald muß sie erkennen, daß es vielen Menschen dort nicht um Gott geht und um sein Wort, sondern um ihre eigenen, liebgewordenen Gewohnheiten und Traditionen. Oder um Unterhaltung und Zeitvertreib. Kiddy spürt dort nicht das, was sie in der Bibel gefunden hat. Es gibt keine tiefere Verständigung zwischen den Menschen, sie sieht keine Liebe – weder zu Gott noch untereinander. Wirkliche Gespräche finden nicht statt, auch keine Hilfe zum Glauben.

Kiddy ist gekommen, um Gottes Wort zu erleben, und sie trifft Menschen, die nur andere Menschen treffen wollen. Sie hatte sich Christen als bessere Menschen vorgestellt und ist enttäuscht, wenn sie entdeckt, daß Leute aus dieser Gemeinde versagen. Warum halten sie sich nicht an das, was in der Bibel steht?

Sie raucht weiter Haschisch, trinkt, kann aber andern ihre Fehler nicht vergeben. Die Eltern werden mißtrauisch und machen Kiddys neuen Umgang schlecht. Die Nachbarn, kurdische Türken wie Kiddys Familie sagen: »Wir haben eure Tochter wieder vor der Kirche gesehen. Was macht sie da?« Den Eltern ist die Frage peinlich. Sie weichen aus: »Kiddy besucht Freunde.«

Hinterher stellt ihr Vater sie zur Rede: »Was machst du in der Gemeinde? Wir sind doch keine Christen.«

»Aber *ich* glaube an Jesus.«

Darauf verflucht ihr Vater Jesus und brüllt: »Wenn ich

das noch mal höre, daß du in diese Gemeinde gehst, dann bringe ich dich um. Die Nachbarn reden ja schon.«

Kiddy bleibt stur, teils aus Glauben, teils aus Protest gegen ihre Eltern. In der Gemeinde ahnen nur wenige etwas von ihren Problemen. Kiddy kann nichts von sich erzählen. Sie will das Leben allein mit Jesus schaffen, mit Jesus gegen den Rest der Welt stehen. Sie ist so oft verletzt und getreten worden und hat sich in den Stolz gerettet. Den trägt sie wie eine Mauer um sich herum. Mit Jesus kann sie reden wie mit einem Freund, aber in der Beziehung zu andern Menschen ist sie hilflos; sie hat das Gefühl, als rutsche ihr da der Boden unter den Füßen weg. Sie kann nicht über das sprechen, was sie belastet. Unter den Drohungen und dem Druck ihrer Eltern bricht sie fast zusammen. Manchmal trinkt sie und greift Stunden später dann wieder zur Bibel und singt Lobpreislieder. Es ist ein ständiges Wechselbad.

In der Berufsschule erzählt Kiddy den anderen von Jesus. Manchen liest sie auf dem Schulhof von Jesus vor. Einige der deutschen Mädchen mit großen Problemen macht das nachdenklich: Eine Türkin erzählt von Jesus?

Wenn Kiddy zu Hause in der Bibel liest, schlagen sie der Vater und ihre Brüder. Immer wieder kündigen sie an, sie würden die Bibel zerreißen. Dann tun sie es aber doch nicht. Der Vater scheint Respekt vor dem Buch zu haben. In ihm steht auch der Name des Teufels. Viele Yeziden beten den Teufel an, ohne seinen Namen zu nennen. Wer ihn ausspricht oder liest, muß Schlimmes erleiden.

Die Geschwister lachen Kiddy wegen ihres neuen Glaubens oft aus. Sie haben anderes im Kopf. Die Brüder arbeiten in einer Fabrik, die jüngere Schwester geht noch in die Hauptschule. Alle drei fühlen sich zerrissen zwischen der Welt zu Hause und draußen. Sie reagieren aggressiv, besonders gegenüber dem Vater, wollen aber auch mit Kiddy nichts zu tun haben.

Schließlich nimmt der Vater Kiddy den Paß ab und will sie in die Türkei zurückschicken. Durch einen Trick bekommt sie den Paß wieder und gibt ihn deutschen Nachbarn zum Aufbewahren. Aber die Angst um ihre Zukunft bleibt.

Ihre Leistungen in der Berufsschule sinken ab. Beinahe wird sie aus dem Vorbereitungskurs entlassen. Wieder erinnert sie sich an den Spruch in ihrem Poesiealbum: »Kommt zu mir alle, die ihr mühselig und beladen seid. . .« Sie schöpft neuen Mut und gibt sich wieder Mühe. Die Abschlußbeurteilung im Vorbereitungskurs fällt gut aus. Mit neunzehn kann Kiddy endlich die Lehre als Schneiderin antreten.

Freitagabends geht sie in die Teestube der christlichen Gemeinde. Obwohl sie dort immer freundlich aufgenommen wird, fehlt ihr etwas. Der Glaube scheint dort nicht tief zu gehen. Sie fühlt sich nicht wirklich geliebt und angenommen.

Kiddy beginnt immer vertrauter mit Jesus zu reden; Jesus, ihr guter Hirte. Aber ist er das wirklich? Ist sie wirklich erlöst oder ist sie verloren? Ist sie frei?

Sie hat erst angefangen zu glauben und brauchte Menschen, die ihr helfen, im alltäglichen Leben Gott zu vertrauen und sich an ihm zu orientieren. Die andern in der Teestube sind damit überfordert. Die Kontakte bleiben eher oberflächlich.

Durch eine Bekannte animiert, fängt Kiddy häufiger zu trinken an. Dann bricht sie die Lehre ab. Als sie das letzte Mal an ihrer Nähmaschine steht, bekommt sie kein Wort heraus. Unter Tränen verabschiedet sie sich, auch in der Berufsschule. Sie hat keine Kraft mehr, weiterzumachen.

Sie meldet sich arbeitslos. Innerlich schreit sie zu Jesus: »Ich kann nicht mehr, ich kann dich nicht mehr hören, meine Ohren sind wie zugestopft!«

Fast jeden Abend trinkt sie heimlich zu Hause. Nicht selten eine ganze Flasche Korn oder Martini pro Abend.

Obwohl sie sich häufig zu Hause langweilt, werden ihre Kontakte zur Gemeinde, ihre Besuche in der Teestube und im Gottesdienst seltener.

Die Mutter entdeckt Kiddys Alkoholkonsum, aber sie schweigt. Anders ihr Vater. Als er es herausbekommt, fängt er an zu schreien und zu drohen. Sie solle ab jetzt keine ruhige Minute mehr haben. »Kiddy, du bist keinen Pfennig wert! Wozu lebst du? Du sollst sterben!«

Nach außen läßt Kiddy sich nicht anmerken, wie sehr sie seine Worte verletzen. Sie zeigt ihm nur Verachtung. Wieso regt ihr Vater sich auf? Er trinkt doch selbst.

Zum ersten Mal greift ihre Mutter ein, ergreift für sie Partei: »Kiddy ist ein gutes Kind. Sie ist anständiger als unsere beiden Söhne.«

Sollte die Mutter sie doch liebhaben? Vielleicht hat sie es aus Angst vor ihrem Mann nur nie gezeigt. Aber sie würde sie doch nicht verstehen, davon ist Kiddy überzeugt.

So leben beide, Mutter und Tochter, weiter nebeneinander her und bleiben beide einsam.

Für den Vater ist Kiddy entweder eine Sklavin, oder er übersieht sie, als gebe es sie gar nicht. Ob sie es doch noch einmal mit den Leuten in der Gemeinde versuchen soll? Sie sehnt sich so nach Geborgenheit, nach Freunden, denen sie ihre geheimsten Wünsche und Nöte anvertrauen kann. Aber niemand wird sie verstehen.

Sie sieht keine Lösung, sieht ihre Zukunft nur Schwarz in Schwarz. Der Alkohol wärmt auch nicht auf Dauer, nimmt nicht die Frustration.

»Warum läßt du das zu, Gott? Warum lebe ich gerade in dieser Familie? Du läßt es zu, daß ich trinke, daß ich zu Hause keinen Frieden finde. Ich verfluche den Tag, an dem du mich in diese Welt gesetzt hast.«

Im tiefsten Innern weiß sie, daß sie damit Gott die Schuld in die Schuhe schiebt, sich in eine neue Lebenslüge verstrickt. Sie will raus, aber wohin?

Sie versucht, sich selbst zu zerstören, geht von Haschisch auf härtere Sachen über. Bei Konflikten wird sie schnell handgreiflich, zuerst gegen ihre Brüder, dann auch gegen den Vater: Als der sie wieder einmal heruntermacht, schlägt sie ihm mitten ins Gesicht. Darauf tritt er sie und schlägt sie zu Boden. Mit ihrem gesunden Fuß tritt sie ihn in die Magengegend. Dabei denkt sie: »Ich bin genauso wie mein Vater.« Schreiend und schluchzend läuft sie aus der Wohnung. Sie fängt an, alles und alle zu hassen, am meisten sich selbst.

»Ich war eben mal krank . . .«

Von ihrem Sparbuch hebt Kiddy die letzten fünfhundert Mark ab. »Ich bin sowieso kaputt«, denkt sie. »Der Alkohol nützt nichts, ich brauche andere Drogen. Gott, unsere Freundschaft ist aus. Ich kann dich nicht mehr hören. Ich kann nicht glauben, daß du mich verstehst. Daß du noch da bist. Ich gehe jetzt meinen eigenen Weg.«

Die Sehnsucht nach Gott bleibt, aber sie will nichts mehr mit ihm zu tun haben.

In der Diskothek H. wird ihr zum ersten Mal Heroin angeboten. Sie weiß gar nicht, wie sie überhaupt in dieses Haus gekommen ist. Ihr wird heiß und kalt. Sie hat Angst, ist aber auch neugierig. Dann lehnt sie ab und kauft für fünfzig Mark Haschisch.

Der Kauf, das Drehen des Joints auf der Toilette – alles geht ganz einfach und schnell. Zuerst wird ihr übel und sie muß brechen. Es war vermutlich unsauberes Haschisch. Aber dann überkommt sie ein unbeschreiblich gutes Gefühl. Alle Probleme sind auf einmal wie weggeblasen.

Jetzt will sie es wissen und kauft für zweihundert Mark Heroin. In der Disco lernt sie Leute kennen, die auch drükken und kiffen. Mit ihnen bleibt sie drei Tage zusammen. Endlich hat sie neue Freunde gefunden, meint sie. Was ihre Eltern denken, wenn sie so lange nicht nach Hause kommt, interessiert sie nicht. Schließlich weiß sie nicht mehr, was um sie herum geschieht. Sie sieht alles wie durch einen Nebel und hört auf, sich über die Zukunft Gedanken zu machen. Auch was die andern denken, ist ihr jetzt egal.

In den nächsten Wochen hört sie auf, sich zu pflegen und regelmäßig zu essen. Die Hosenbeine flattern um ihre dünnen Knie. Die Haare hängen ihr fettig ins Gesicht.

Zwei–, dreimal besucht sie noch den Bibelkreis. Ein Mädchen dort fragt, was mit ihr los sei. Teilnahmslos antwortet Kiddy: »Ich war eben mal krank. Geht schon wieder.« Die Jugendlichen geben sich mit dieser Antwort zufrieden; sie ahnen nicht, was wirklich los ist.

Kiddy fängt an, Tabletten zu nehmen, vierzehn verschiedene Sorten. Ihr wird alles egal. Selbstmordgedanken kreisen durch ihren Kopf. Sie stellt sich auf die Bahnschienen, will sich vor den nächsten Zug schmeißen.

Als der Zug vorbeigefahren ist, steht sie neben den Gleisen. Wie ist sie dahin gekommen? Ein Engel muß sie beiseitegenommen haben, denkt sie. Aber wo kam er her?

Aber dieses Erlebnis einer Bewahrung gibt ihr nicht die Kraft, ihr Leben zu ändern. Sie fährt wieder zur Diskothek H. und kauft sich Heroin.

Ein Arzt warnt sie. Sie werde früher zugrundegehen als andere Abhängige, weil sie nicht sportlich sei und nicht gesund. Noch drei Heroinspritzen – dann werde alles aus sein.

Kiddy drückt den Kopf an die Brust des Arztes und weint. Er verschreibt ihr verschiedene Psychopharmaka gegen die Angst und Nervosität.

Kiddy nimmt die vierfache Dosis. So kann sie die Mahnungen des Arztes vergessen und weiter Heroin spritzen. Ihre Angst ist wie weggeblasen. Wenn die Eltern fragen, wo sie gewesen sei, sagt sie: »Bei Freundinnen aus der Gemeinde.«

Sie ist jetzt zwanzig Jahre alt. Das Arbeitsamt hat ihr eine ABM-Stelle als Aushilfsschneiderin besorgt. Kiddy ist froh darüber. Sie will nicht auf den Strich gehen wie manche anderen Mädchen aus der Diskothek H.

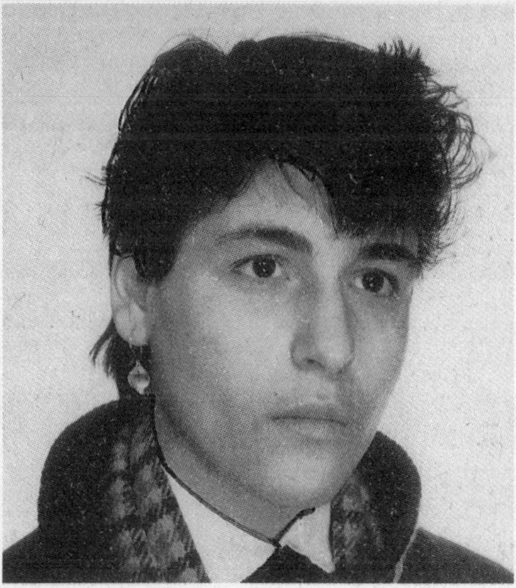

Kiddy, drogenabhängig

Noch einmal geht sie in den Bibelkreis. Ihre Situation ist nicht länger zu übersehen. Aus ihren Augen schreit es: »Ich nehme Drogen, helft mir!«

Die meisten Anwesenden sind überfordert. So etwas kennen sie höchstens aus dem Fernsehen. Was soll man tun?

Ein Mädchen begleitet sie nach Hause. Sie kommt mit in ihr Zimmer und spricht das aus, wonach Kiddy sich so sehnt: »Ich hab dich lieb. Ich mache mir Sorgen um dich.«

Kiddy weiß nicht, wie sie sich verhalten soll. Darauf war sie nicht gefaßt. Sie wehrt ab: »Ich bin nicht drogenabhängig. Du irrst dich. Alles ist okay.«

Das Mädchen packt Kiddy an den Schultern und schüttelt sie: »Du brauchst nicht zu lügen, Kiddy. Schau nur in den Spiegel, wie du aussiehst.«

Kiddy redet sich heraus, scheint gar nicht sie selbst zu sein. Kurz vor der Bibelstunde hat sie einen Joint geraucht. Sie kann sich nicht mehr konzentrieren, weiß nicht mehr, was sie sagt.

Das Mädchen geht nach Hause, spricht sie aber in den nächsten Tagen immer wieder an. Aber allein ist sie zu schwach, ihr wirklich zu helfen.

Kiddy verliert die ABM-Stelle, findet aber neue Arbeit bei der Arbeiterwohlfahrt, wo sie Kurden und Türken bei Sprachschwierigkeiten weiterhelfen soll. Nachmittags betreut sie von der Arbeiterwohlfahrt aus Kinder: Türken, Jugoslawen, Deutsche. Sie machen zusammen Spiele am Tisch, im Kreis, auf dem Hof. Diese Arbeit wirkt auf Kiddy wie eine Therapie. Drei Monate kann sie fast ohne Drogen auskommen.

Vom selbstverdienten Geld schenkt sie ihrer Mutter zu Weihnachten einen neuen Kühlschrank, ihrem Vater einen großen Fernsehapparat. Trotzdem sind die Eltern nicht zufrieden mit ihr. Sie hätten lieber das Geld gehabt statt der Geschenke. Kiddy ist wieder enttäuscht und mutlos.

Durch Zufall erfährt sie, daß ihr Vater einen großen Teil des Geldes, das er in der Fabrik verdient, verspielt. Den Rest schickt er in die Türkei. Die Familie lebt vom Geld der Kinder, obwohl der Vater ständig behauptet, seine Familie würde sein ganzes Geld verbrauchen, er werde sich bald eine zweite Frau nehmen.

Kiddy ist deprimiert. Sie zieht sich schwarz an, schminkt sich schwarz und geht wieder in die Diskothek H.

In einigen Räumen der Diskothek sitzen nur Drogenabhängige. Endlich ist sie wieder bei Leuten, die sie verstehen!

Sie gehört wieder dazu. Hier kann sie ihre Probleme vergessen. Daß sie sich damit nur selbst betrügt, vergißt sie in solchen Augenblicken.

Heroin nimmt sie in dieser Zeit nur hin und wieder, Haschisch raucht sie jeden Tag. Wenn sie in die Gemeinde kommt, ist sie völlig abwesend, wie durch eine Nebelwand von den andern getrennt.

Eine ältere Frau aus der Gemeinde rät ihr, sich in eine Therapie zu begeben. Kiddy bleibt teilnahmslos. Ihr scheint alles egal zu sein.

Ein paar Wochen später erhält sie einen Anruf aus Hannover vom Therapiezentrum »Neues Land«. Ein Platz sei frei. Kiddy muß einen Fragebogen ausfüllen. Ihr Chef bei der Arbeiterwohlfahrt ist eingeweiht und hat Verständnis für sie.

Nach zwei Wochen hat sie das erste Gespräch bei »Neues Land«. Es dauert vier Stunden. Die Atmosphäre ist offen; die christlichen Therapeuten berichten auch von sich und erzählen von Jesus wie von einem guten Freund.

»Ja, aber warum hat Jesus denn zugelassen, daß ich in der Scheiße stecke?« Kiddy weiß, daß sie sich mit diesem Satz nur rechtfertigen will.

Nach dem Gespräch überkommt sie Angst, ja Panik. Vierzehn Monate Therapie, vierzehn Monate mit Christen, die ihr immer wieder etwas von Jesus erzählen! Vierzehn Monate ohne Maske, ohne Mauer um sich herum, die Wahrheit über ihre Sucht und ihr Leben an sich herankommen lassen? Nein, die vier Stunden Gespräch waren schon zuviel für sie, beschließt Kiddy.

Sie lehnt die Therapie ab.

Die Leitung der Gemeinde drängt sie zu einer Drogenberatung, wenigstens zweimal im Monat. Auch diese bricht Kiddy ab. Sie will nicht glauben, daß jemand sie versteht, kann es vielleicht auch nicht mehr glauben.

Ihre geheimsten Gedanken schreibt sie als Gedichte auf. Sie schreibt auch einige Gebete, die an Psalmen erinnern, auch unter Heroineinfluß. In den Gedichten fängt sie wieder an, mit Gott zu reden:

»Ich schaffe es nicht mehr.
Es ist mir zu mühsam,
diesen steilen Berg zu erklimmen.
Immer wieder gleite ich aus
und rutsche tiefer.
Es ist mit mir aus.
Ich habe keine Kraft mehr.
Während ich da unten verzweifelt sitze,
mutlos verwundet,
mit Drogen und Alkohol,
hebt deine Hand meinen Blick.
Ich gehe in eine andere Richtung.
Aber ich sehe auf einmal einen Weg.
Der Weg, den ich immer schon im Kopf habe
und vor dem ich oft weggelaufen bin.
Er war schmal, holprig und steil,
gesäumt von gefährlichen Abgründen.
Alleine mit eigenen Gedanken,
in der Großstadt.
Alkohol – Drogen – falsche Freunde!
Aber es gibt diesen schmalen Weg.
Mein Fuß kann fest darauf stehen,
auch wenn es glatt ist.
Aber zu glatt ist der Weg nicht.
Ich habe es erfahren.

Der Weg ist der Weg des Glaubens und der Geduld,
des Jasagens zu deiner Führung.
Neue Hoffnung erfüllt mich.
Ob ich es noch einmal wage?
Zaghaft und tastend gehe ich ihn,
zögernd und fragend.
Doch da entdecke ich plötzlich
zwischen all den Felsen der Angst,
der Sorge und des Leids,
die mich geängstigt, verwundet haben,
Schönheiten, die mich erfreuen.
Nicht Drogen, Schönheiten von besonderer Seltenheit,
wertvolle Kleinode,
die mein Herz wieder froh machen,
mich stärken auf dem langen, schmalen Weg.
Lieber Vater im Himmel,
laß mich diese verborgenen Kostbarkeiten
nicht übersehen.
Gib mir ein Zeichen deiner Liebe.
Deine Schwester Kiddy.«

Nachts träumt sie von Geborgenheit, freiem Lachen und Gemeinschaft in einer Familie. Dann wacht sie auf, weil eine Stimme ihr immer wieder sagt: »Kiddy, das gibt es nicht für dich. Es ist zu spät.« Kiddy verkrampft sich, schwitzt, schreit. »Aber ich will doch leben!«

Sie sieht sich von Schatten umgeben, die zu Geistern werden und sie wecken. Sie quälen und verprügeln sie, lachen über sie.

Einmal sieht sie eine schwarzverschleierte Person mit einem Strick in der Hand vor sich stehen. Ihre Kehle ist wie zugeschnürt, sie kann sich nicht bewegen. Sie fängt an zu schreien, aber niemand hört sie. Vor ihren Augen dreht sich alles.

Diese unheimliche Begegnung dauert sechs Stunden.

Kiddy greift zu ihrer Bibel, schlägt sie auf, kann jedoch nicht lesen. Erschrocken schaut sie in den Spiegel. »Das bin doch nicht ich«, denkt sie. In dem Moment zerspringt der Spiegel in tausend Stücke.

Selbstmordgedanken verfolgen sie. Als die nächsten Nächte nicht anders verlaufen, ruft Kiddy völlig verzweifelt Jesus an: »Jesus, du siehst mich. Mach mich frei. Ich will dich lieben.«

Auf einmal sieht sie um sich herum Licht. Sie fühlt sich wie in Jesu Armen, spürt seine Hilfe und schläft zum ersten Mal wieder in Frieden ein.

Nach tiefem, unruhigem Schlaf wacht sie auf und dankt Gott, daß er ihr geholfen hat.

Von da an nimmt sie wochenlang keine Drogen mehr. Sie hat nie mit ihren Eltern darüber gesprochen. Soll sie es jetzt tun? Kiddy findet nicht den Mut dazu. Nach Wochen entdeckt der Vater in ihrem Zimmer Spritzen, die sie vergessen hat wegzuwerfen. Auch er traut sich nicht, etwas zu sagen.

Ihre Mutter weint, kann ihre Trauer aber nicht in Worten ausdrücken. Ihre Mitschuld an Kiddys Elend schnürt ihr die Kehle zu.

Kiddy schämt sich. Aber dann fehlt ihr doch die Kraft, mit der Mutter über die Wahrheit zu sprechen. Sie verharmlost die Drogenutensilien vor ihren Eltern. Vielleicht will sie selbst glauben, daß alles nicht so schlimm sei.

Wieder nimmt sie Drogen. Wieder wird sie von Alpträumen geplagt. Jede Nacht wacht sie schreiend auf. Tagsüber schließt sie sich immer wieder in ihr Zimmer ein und macht die Tür auch nicht auf, wenn der Vater dagegen hämmert und Kiddy als »blöde Hure« beschimpft. Er droht sogar, sie anzuzeigen.

Kiddy nimmt fast nichts mehr von dem wahr, was um sie herum passiert. Sie sieht nicht mehr, wohin sie geht; sie merkt höchstens noch, ob Sonntag ist oder Werktag. Zunehmend magert sie ab, wiegt bald keine vierzig Kilo mehr.

An einem nassen Apriltag wird sie von ihrem Vater auf die Straße gesetzt: »Das soll nicht mehr meine Tochter sein. Pennerhure! Geh doch zu deinen deutschen Freunden!« ruft er ihr hinterher.

Kiddy packt der Stolz. Sie hat noch nie etwas mit einem Mann gehabt. »Ihr seht mich nie wieder!« Sie fährt nach Hamburg. In ihrem Inneren schreit es: »Ich will leben, ich will frei sein! Ich will nicht sterben!« Sie fängt an, zu weinen. Aber dann hört sie eine Stimme: »Kiddy, bleib hart.«

Sie fährt zu einer Freundin, die ihr einmal angeboten hat, sie könne vorübergehend bei ihr wohnen.

Als Kiddy jetzt in ihrer Tür steht, bekommt die Freundin Angst. So etwas zu versprechen und es in die Tat umzusetzen, sind zwei verschiedene Dinge. Die Freundin ist zwar bereit, Kiddys Sachen zu nehmen, aber mit einer Drogenabhängigen zusammenzuwohnen – nein, das kann sie nicht.

Kiddy lebt also auf der Straße. Sie fährt nach Berlin, besorgt sich Drogennachschub am Bahnhof Zoo, schläft in ihrem klapprigen Auto. Es ist bitterkalt. Am nächsten Morgen fährt sie wieder nach Hamburg, genauer: auf die Reeperbahn. Hier schläft sie in schmuddeligen Kinos. Dazwischen kommt sie unregelmäßig zur Arbeit.

Neun Tage lebt Kiddy auf der Reeperbahn. In einer

Kiddy im Bahnhof Zoo, Berlin

Nacht, als sie es vor Kälte nicht mehr aushält, ruft sie eine Bekannte an. Diese erzählt ihr von einem älteren Ehepaar, das tiefgläubig sei. Anna, die Frau, habe Krebs. Kiddy ruft sie an. Das Ehepaar ist bereit, sie vorübergehend aufzunehmen.

Über Anna, ihren Mann und die unbürokratische Hilfe der Arbeiterwohlfahrt bekommt Kiddy ein Zimmer in einer Jugendwohnung in der Nähe von Hamburg. Ein Zuhause ist es jedoch nicht. Wie soll sich eine Ansammlung problembeladener Menschen – ehemalige Heimkinder, Arbeitslose – gegenseitig weiterhelfen? Kann einer den anderen aus dem Sumpf ziehen, in dem er selber steckt? Kiddy wird immer aggressiver. Wenn ihr auf der Straße jemand unfreundlich kommt – was einer Türkin jeden Tag passieren kann –, packt sie ihr Gegenüber am Kragen und schreit es an, egal, wer vor ihr steht: »Halt deinen Mund! Ich hau dich tot! Ich bring dich um, du Sau!«

Hin und wieder fährt sie zu Anna. Diese Frau bleibt offen für sie, obwohl sie Kiddys Situation kennt. Ohne ihr Vorwürfe zu machen, gibt sie ihr das Gefühl: Hier freut sich ein Mensch über sie, freut sich, daß sie da ist. Ihr kann sie alles sagen, zu jeder Zeit.

Anna wird für Kiddy eine zweite Mutter. Kiddy fühlt sich vollkommen angenommen, obwohl sie wenig von sich erzählen kann. Anna bohrt nicht, sie wartet ab und betet viel für sie. Sie will Kiddy nicht mit Fragen belasten, die sie jetzt doch nicht beantworten könnte.

In den Sommerferien will Kiddy wieder nach Berlin, nach Kreuzberg fahren. Dort wird nicht gefragt, ob sie Türkin oder Deutsche ist, auf Droge oder nicht.

Sie schlendert durch schmale Straßen in Kreuzberg. Plötzlich überkommen sie quälende Fragen: »Wo ist meine Seele? Gibt es einen Ausweg? Vielleicht einen Weg zurück zu Gott?« Schlagartig ist sie vollkommen deprimiert. Anstatt weiter in Kreuzberg herumzuschlendern, fährt sie mit Entzugserscheinungen zum Bahnhof Zoo. Der kalte Schweiß steht ihr auf der Stirn.

Sie steht vor dem Schaukasten einer Kirchengemeinde. »Nur mit Gott können alle Probleme gelöst werden.« Kiddy schreit laut auf: »Aber ich will Liebe!« Sie setzt sich auf die Stufen des Bahnhofs und weint.

»Was soll's, ich bin eine Sklavin meiner Schuld«, sagt sie sich schließlich. »Für mich gibt es eben keine Freiheit.« Dann fängt sie leise an, wieder mit Gott zu reden: »Du,

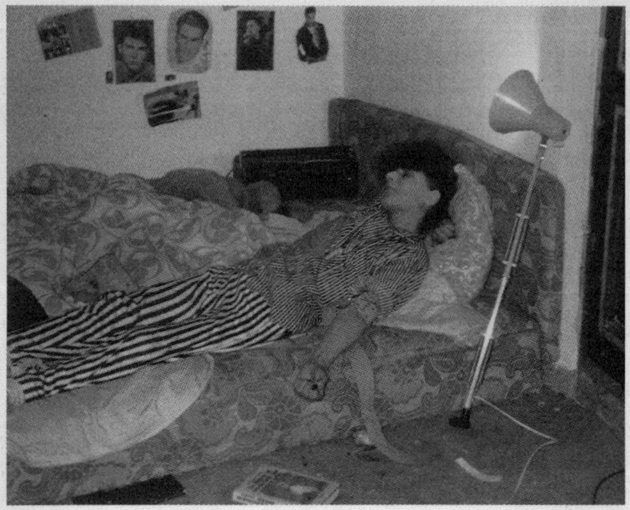

Zwischen Drogen und Schmutz – Kiddy im Juni 1986 in Berlin

Gott, ich verstehe dich nicht. Ich schäme mich vor dir. Du bist ein sauberer Gott, und ich nehme Drogen. Wir passen nicht zusammen. Ich paß schon nicht mal zu Anke, der Schwester im Krankenhaus. Zu Anna. Ich hab mich in die Dunkelheit gestellt, und du bist im Licht.«

In dem Moment biegt eine Gruppe Skinheads um die Ecke, Haß in den Gesichtern. Das Türkenmädchen ist ihnen ein willkommenes Opfer. »Wir machen, was Adolf Hitler gemacht hat«, gröhlen sie, »wir gehorchen seinen Befehlen.«

Kiddy blickt sie zuerst wie gelähmt an, aber dann strömt es nur so aus ihr heraus, obwohl sie unter Drogen steht: »Jesus ist gekommen, weil sich die Menschen nur gegenseitig hassen und töten. Die Macht der Gewalt ist vom Teufel.«

Verdutzt schauen die jungen Männer sie an. »Ja aber, glaubst du denn an Jesus? Du bist doch auch kaputt, und außerdem bist du eine Türkin.«

»Eines Tages bin ich soweit, dann wird mich Jesus von den Drogen freimachen.«

Die Skinheads räumen das Feld, Kiddy kann ruhig abziehen.

Dann ist der Drang, neuen Stoff zu holen, doch stärker. Kiddy kauft und verkauft, hilft Fixern, die zu schwach sind, ihre Nadel zu halten für ihren vorletzten oder letzten Schuß. Die Reste behält sie selbst. Dann geht sie in die Disco. Einige Gäste halten sie für einen Jungen. Alles Weiche, Zarte ist aus ihrem Gesicht verschwunden.

Auf einmal hört sie eine innere Stimme: »Kiddy, hör auf, dich zu betrügen. Von Jesus reden, beten – was nützt das, wenn du keine persönliche Beziehung zu Jesus hast? Was nützt dir dein Glaube auf Platz zwei, solange die Drogen auf Platz eins sind?«

Kiddy gerät in Panik. Sie muß hier weg. Innerhalb einer Stunde packt sie ihre Sachen und verläßt Berlin. Plötzlich weiß sie: Noch eine Nacht auf dem Bahnhof Zoo, und es kann zu spät sein. Mit der letzten Bahn erreicht sie Hamburg. Was sie in Berlin gemacht hat, will sie niemandem erzählen. Ihr Äußeres erzählt Geschichten genug: der ausgemergelte Körper, der halbrasierte Kopf, die Lumpen um die dünnen Beine. Schon nach einem Tag wird ihr klar – es liegt nicht an der Stadt; egal, ob Berlin oder Hamburg, sie braucht Drogen, bekommt Drogen, nimmt Drogen. Aus Berlin hat sie noch vierzehn Gramm »Libanesen« und »Afghanen« bei sich, zwei Haschischmarken. Am Arbeitsplatz raucht sie ganz offen ihre Haschisch-Zigarette. Die anderen fragen nicht. Der Abhängige ist ihnen egal.

Am Abend kommt Kiddy immer wieder der Gedanke: »Ich komme aus diesem verkehrten Leben sowieso nicht raus, ich muß Schluß machen.« Sie setzt sich in ihr kleines Auto, schnallt sich nicht an, öffnet die Fenster, gibt Gas, fährt mit Höchstgeschwindigkeit durch einen Holzschuppen und landet an einer Häuserwand. Aber es ist nichts passiert, nicht ein Kratzer! Ihr wird klar: Gott selbst hat eingegriffen. Daß die Polizei kommt und ihr den Führerschein abnimmt, ist jetzt zweitrangig. Den Aufprall auf die Häuserwand hätte normalerweise niemand überlebt. Das Auto ist Schrott.

Über eine Bekannte bekommt Kiddy eine Telefonnummer in Hamburg von einem Ehepaar, M. und R., das ihr weiterhelfen soll. Es sind Engländer, die seit vielen Jahren mit türkischen Menschen zusammenarbeiten, in der Türkei wie in Deutschland. Kiddy besucht sie. Die beiden erzählen etwas von dem, was sie mit Jesus erlebt haben. Kiddy, die vor ein paar Tagen Gottes rettendes Eingreifen so hautnah erlebt hat, rebelliert: »Jesus ist doch auch nur eine Droge.« Dabei wirkt sie sehr stolz und sicher.

Auszug aus dem Nebel

Ende Oktober 1987 läuft Kiddys ABM-Stelle als Schneiderin aus. Bis zum 1. Oktober muß sie eine eigene Wohnung gefunden haben, weil sie das Zimmer in der Jugendwohnung räumen muß. Schließlich stimmt das Jugendamt zu, daß sie für wenigstens ein Jahr in eine Wohngemeinschaft in der Nähe von Hamburg einziehen darf. Von Kiddys Drogenkonsum hat das Jugendamt keine Ahnung. Alkoholiker und Drogenabhängige sollen in die Jugend-WG nicht vermittelt werden.

Ein Sozialarbeiter vom Jugendamt fährt mit Kiddy los und zeigt ihr die Wohnung. Sie gefällt ihr, aber eigentlich möchte Kiddy lieber in Hamburg wohnen, vielleicht mit Christen zusammenleben. Von ihnen erhofft sie sich Hilfe und Schutz vor ihrem Vater. Sie weiß, daß türkische Väter manchmal ihre Töchter, die ihnen fortgelaufen sind oder fortgeschickt wurden, mißhandeln oder umbringen.

Kiddy erklärt dem Sozialarbeiter offen: »Ich habe Probleme, wo mir nur Christen helfen können.« Auf seine Fragen gesteht sie ihre Drogenabhängigkeit.

Das Gesicht des Jugendamtvertreters wird düster. Ihr WG-Antrag ist abgelehnt.

Auf der Rückfahrt nach Hamburg schlägt der Sozialarbeiter Kiddy eine Therapie vor. Will sie das? Haben die Christen einen Therapieplatz für sie? Was will sie sonst in Hamburg tun? erkundigt sich der Sozialarbeiter.

Kiddy berichtet von ihrem Wunsch, endlich den Hauptschulabschluß nachzuholen.

In Hamburg ruft sie ganz aufgeregt M., den Engländer

an, der mit Türken arbeitet. In zwei Wochen brauche sie ganz dringend ein Zimmer.

M. beruhigt sie. In einer christlichen Frauen-Wohngemeinschaft in Altona sei ein Zimmer frei.

Sie nimmt an, ohne große Freude. Zuviele Enttäuschungen hat sie schon erlebt; sie kann nur noch schwarzsehen, auch bei denen, die ihr wirklich helfen.

Das Wichtigste ist jetzt erst einmal ein Schulplatz. Erst will Kiddy den Hauptschulabschluß machen, danach weiterlernen. Wird das klappen? Kiddy ist sehr nervös. Sie hält die Unsicherheit nicht mehr aus und fängt wieder an zu trinken. Drei Tage sitzt sie in Kneipen herum. Sie weiß, daß sie wegen ihrer angeschlagenen Gesundheit damit ihr Leben riskiert.

Wieder begegnen ihr Christen. Sie nehmen sie in einen Gottesdienst mit. Kiddy läuft nach kurzer Zeit schreiend hinaus. Sie kann Gottes Kraft nicht ertragen. Außerdem hat sie Entzugserscheinungen. Sie sitzt auf der Treppe vor der Kirche und weint.

Dann kommt eine Frau zu ihr und sagt: »Du kannst frei werden. Jesus kann dich befreien.«

Kiddy antwortet mit Anklagen gegen Gott, der all ihr Elend zugelassen habe. Sie zittert am ganzen Körper.

Die Frau läßt sich nicht beirren. »Möchtest du, daß Jesus dich freimacht?«

»Ja«, flüstert Kiddy, »ich weiß, daß nur Jesus mich freimachen kann.« Auf der Kirchentreppe beten die beiden miteinander. Das Gebet hat Kiddy bald wieder vergessen, aber nicht die alte Frau, die sie in der Kirche in den Arm genommen, geküßt und ihr schließlich gesagt hat: »Wir haben dich lieb. Und Jesus hat dich auch lieb.«

Jetzt steht Kiddy draußen und sieht an sich herunter.

Kiddy 1986

Kampffrisur, Ketten, schwarze Jacke, schwarze kaputte Hose, Gesicht und Körper blaß und abgemagert – so etwas soll jemand lieben? Wird sie von Jesus wirklich so angenommen, wie sie ist?

Kiddy weiß, daß sie in einer Scheinwelt lebt, aber woher soll sie die Kraft nehmen, um auszusteigen? Sie hat erfahren, daß der traditionelle Weg des Islam ohne Hoffnung ist. Der Yezidi-Glaube ihrer Eltern ist ohne Licht, das ausschweifende Leben ihrer deutschen Freunde ohne Zukunft. An nichts aus ihrer Vergangenheit kann sie sich halten.

Ihr ist klar: Gott redet zu ihr, will ihr Kraft schenken, aber zu viele Dinge in ihr verhindern, daß sie hören und aufnehmen kann. Zwischen Selbstmitleid und Verzweiflung schwankend, schreit sie los: »Gott, ich bin gefangen! Ich greife immer wieder zum Joint und zur Flasche!«

An diesem Abend holt M. sie völlig betrunken aus einer Kneipe. Kiddy schämt sich. Doch M. und seine Frau R. nehmen sie mit Liebe auf. Sie wissen aus ihrem eigenen Leben, wie oft sie trotz guter Vorsätze nicht die Kraft hatten, Gott zu gehorchen. Nur ist das bei ihnen nicht so offensichtlich. Kiddy ist ungewaschen, sie stinkt nach Alkohol, aber dieses Ehepaar nimmt sie, wie sie ist.

Wenige Tage später haben sie für Kiddy ein Zimmer besorgt. Bis es renoviert ist, kann sie bei einer Nachbarin von M. und R. wohnen, bei einer Türkin, die Christin ist. Bei ihr gefällt es Kiddy, sie erfährt so etwas wie Glück. Ja, sie ist eine Türkin und freut sich, wieder unter Türken zu sein.

Dann holt M. ihre wenigen Sachen, und Kiddy zieht in das neue Zimmer bei einer Frau namens Fusun ein.

Wieder steckt Kiddy voller Mißtrauen, Haß und Rebellion. Sie ist fest davon überzeugt, daß Fusun sie nicht versteht, geht in eine Kneipe, kifft auf der Toilette. Unter Drogen verläßt sie das Lokal.

Draußen rast ein Auto auf sie zu. Kiddy starrt wie abwesend in die Scheinwerfer. In wenigen Sekunden kommt der Wagen zum Stehen, einige Zentimeter vor ihrem zitternden Körper.

Kiddy denkt: »Was muß Gott noch alles für mich tun, bis ich umkehre und ganze Sache mit ihm mache?«

Zu Hause schließt Fusun sie in die Arme.

Immer wieder kommt Kiddy nachts oder morgens stoned nach Hause. Fusun begegnet ihr jedesmal voller Liebe und ohne Vorwürfe.

Nach sechs Wochen kann Kiddy in eine christliche Wohngemeinschaft von Frauen einziehen. (Es ist dasselbe Haus, in dem auch Rocky, der Irokese, einmal gelebt hat.) Anfangs haben Kiddy und die neuen Mitbewohnerinnen Angst. »Werden die mich annehmen?« fragt sich Kiddy. – »Werden wir dieses Drogenmädchen tragen können?« denken die anderen.

Sie beseitigen zusammen den Müll in Kiddys Zimmer und kaufen frische Farbe. Entgegen ihrem ursprünglichen Wunsch ist es diesmal kein Schwarz.

»Zwei Welten unter einem Dach«, denkt Kiddy. »Wie wird das sein? Meine Welt und die Welt der Christen.«

M.'s Frau R. hilft Kiddy, sich in der Wohngemeinschaft zu öffnen und nach und nach alles Wesentliche von sich zu erzählen. Diese Offenheit nimmt den andern etwas von ihrer Angst, hilft ihnen, Kiddy zu helfen. Sie haben immer noch Angst, von ihr bestohlen zu werden (woher soll sie sonst das Geld für ihre Drogen nehmen?), aber das Eis ist gebrochen.

An einem schönen Herbsttag macht Kiddy alleine einen Spaziergang und redet mit Gott. »Ich bin verloren. Man kann nicht durch Drogen die Freiheit finden. Das war ein großer Irrtum.« Sie spürt, wie eine Stimme ihr zuspricht: »Kiddy, mein Kind, du bist an einem Ort, wo kein Lärm ist, wo du meine Stimme hören kannst. Ich werde dir Kraft geben.«

Kiddys Atem geht schnell. Sie hört ihr Herz pochen. Sie schämt sich, aber jetzt will sie Gott nicht länger davonlaufen. Mitten auf der Straße verspricht sie ihm, ihr Leben ihm zu überlassen. Er soll von jetzt an ihr Herr sein. Sie ist voller Drogen. Zu Hause laufen ihr immer noch die Tränen über das Gesicht. Sie schreit: »Ich will frei werden!«

Fusun, M. und R. beten für sie. Auf einmal fängt auch Kiddy an, laut zu beten, sich Gott vor Zeugen zu öffnen. Jesus gibt ihr die Kraft, noch am selben Abend die Drogen und die Spritzen wegzuwerfen. Sie sieht sich bei Jesus, weiß, daß er sie angenommen hat.

Ihr Herz, das sich vorher wie ein harter Klumpen anfühlte, beginnt weicher zu werden.

In den nächsten Wochen legt sie die schwarze Kleidung ab. Sie geht regelmäßig in den Jugendkreis und den Gottesdienst einer evangelischen Freikirche. Außerdem bricht sie den Kontakt zu alten Bekannten aus der Drogenszene ab. Die Zusage für einen Schulplatz nimmt sie als Geschenk von Gott.

Die Frauen in der Wohngemeinschaft fragen sich, wie Kiddy ohne Therapie von Drogen freiwerden konnte. Gibt es das? Später erfahren sie von R. etwas mehr über Kiddys Vorgeschichte. Es wäre besser gewesen, sie hätte einen von Ärzten begleiteten Entzug gemacht und anschließend eine Therapie. Aber sie wollte das nicht und hat Gott »erpreßt« – »entweder du machst mich frei, Gott, oder ich glaube nicht an dich«. Gott hätte auch anders darauf antworten können, meint R. Jedem Drogenabhängigen sei unbedingt zu einer Therapie zu raten, auch wenn er oder sie an Gott glaubt.

Kiddy wirkt fröhlicher. Für Stunden kann sie unbeschwert sein und mit den andern in der WG lachen. Aber sie weiß, sie ist noch nicht geheilt, noch nicht ganz frei. Da sind noch soviel Haß, Verletzungen, Enttäuschungen und schlimme Erinnerungen. Doch sie hat Mut gewonnen. Sie hat den Eindruck, daß Gott Stück für Stück diesen Müll und Schrott in ihrem Leben beseitigen will.

Auf den Tag ohne Müll freut sie sich. Aber in ihren Gedanken zieht es sie immer wieder zu Drogen hin. Knochenschmerzen, Depressionen und Zweifel treten auf. Häufig fühlt sie sich von ihrer Wohngemeinschaft nur missioniert und bedrängt, nicht verstanden.

Als sie wieder zum Alkohol greift, wird ihr klar: »Du

1988

bist gegenüber Gott und dir selbst nicht ehrlich. Eigentlich willst du mit Jesus selbst nichts zu tun haben.« Sie schämt sich und fängt an zu weinen. Dieses Weinen – zum ersten Mal nicht aus Selbstmitleid, sondern aus Reue, macht Kiddy ein Stückchen neu.

Sie fängt an, dankbar zu sein, muß keine endlose Liste

von Vorwürfen mehr aufmachen. Ihre Kritiksucht wird Stück für Stück geheilt. Sie ist dankbar für das eigene Zimmer und für die Gemeinschaft mit den andern Christen, die jetzt ihre Geschwister sind. Ihr Standardvorwurf: »Die verstehen mich ja doch nicht«, ist immer seltener zu hören.

Doch immer noch liegen ganze Müllhalden auf ihrem Herzen. »Ich sah mein Herz schwarz wie eine Mülltonne. Aber Gott hat tiefer gesehen. Er hat nicht nur den Müll gesehen, sondern das, was darunter ist. Er hat meine Hand genommen, um mit mir weiterzugehen.«

Durch den täglichen Umgang mit Christen, nicht nur mit kaputten Menschen, geht es Kiddy langsam besser. Die Liebe Gottes und die seiner Kinder läßt ein Stück Frieden in ihr Herz einziehen. Die Mädchen gehen zusammen einkaufen, kochen, beten und feiern. Kiddy wird in alles selbstverständlich einbezogen. Die offenen und aggressionsfreien Gespräche tun ihr gut. Sie liest Bücher, über die sich die anderen unterhalten, und beteiligt sich an Gesprächen über Glaubensfragen.

Natürlich gibt es auch einmal Streit. Meist geht es um Beziehungsfragen. Das kann Kiddy noch nicht aushalten. Sofort tritt sie den Rückzug in alte Verhaltensmuster an, fühlt sich unverstanden, bekommt Selbstmitleid, will sich selbst zerstören. Den andern in der Wohngemeinschaft macht das dann wieder Angst. Sie wissen nicht, wie sie sich verhalten sollen.

R. kann Kiddy in solchen Situationen helfen. Manchmal richtet sich Kiddys Unsicherheit und Mißtrauen aber auch gegen sie. R. braucht viel Zeit, Geduld, Weisheit und Durchhaltevermögen, bis Kiddy stabiler geworden ist. Es dauert lange, bis ihr Glaube beständiger ist und nicht mehr nur Spielball ihrer Gefühle.

Im Dezember 1987 will Kiddy zum ersten Mal wieder ihre Eltern besuchen. Kann sie ihrem Vater noch in die Augen schauen? Sie will es versuchen.

Ihre Mutter steht an der Wohnungstür. Tränen laufen ihr über das Gesicht. »Ich habe oft um dich geweint«, gesteht sie. »Ich dachte, du seist an Heroin gestorben.« Kiddy nimmt ihre Mutter in die Arme.

Spätabends kommt der Vater nach Hause. Als er Kiddy sieht, wird er sofort wieder aggressiv. Auch die jüngere Schwester ist weg von zu Hause, und ein Bruder sitzt im Gefängnis. Dies liege an Kiddys Einfluß, behauptet der Vater. Sie sei das falsche Vorbild für ihre Geschwister. Enttäuscht verläßt sie die Wohnung ihrer Eltern.

Es ist kurz vor Weihnachten. Ein halbes Dutzend Einladungen aus der Gemeinde schlägt sie aus. Die Mädchen aus der Wohngemeinschaft sind zu ihren Familien gefahren. Kiddy sitzt allein in ihrem Zimmer. Sie denkt an ihre Eltern, ist verbittert, steigert sich in neue Wut und Angst hinein. Sie ruft einen alten Kumpel aus der Szene an, läßt ihn kommen, dreht sich einen Joint und raucht. Der Vorrat reicht für drei Tage. Solange dauert der Rausch. In dieser Zeit entstehen wieder einige Gedichte, die sich anhören wie Psalmen. Als sie aufwacht, packt sie wieder tiefe Reue. Sie selbst ist es, die ihren Frieden zerstört hat.

Vor lauter Wut über sich selbst macht sie einen riesigen Krach in ihrem Zimmer und stellt ganz laut die Musik an.

Schwierig sind Kiddys Beziehungen zu Männern. In der Türkei galt sie als Frau nichts. In Deutschland wurde sie von ihrem Vater geschlagen. Jetzt fühlt sie sich von Männern bedroht, obwohl sie sich nach Nähe und Wärme sehnt. Manchmal haßt sie alle Männer. Sie sehnt sich nach Liebe und Gemeinschaft, kann aber ihre Identität als Mädchen oder junge Frau nicht annehmen. Haarschnitt und Kleidung sind die eines Jungen. Alles Weiche weist sie von sich. Kiddy weiß, daß Gott sie anders gemeint hat, noch aber fehlt ihr der Mut, sich zu ändern.

Im Januar 1988 beginnt ihr Hauptschulabschlußkursus. Sie kann sich nicht richtig konzentrieren. Verzweifelt ruft sie R. an. Die antwortet ganz ruhig: »Kiddy, Jesus hat dir einen Schulplatz besorgt. Du mußt nicht alles alleine machen. Er wird auch deine wirren Gedanken öffnen und dir Konzentration schenken.« Noch am Telefon beten beide Frauen miteinander. Kiddy verspricht, jeden Morgen vor der Schule zu beten. Langsam wird der Druck gelöst, sie kann endlich dem Unterricht folgen. Ihre Noten sind durchschnittlich.

Das Zusammensein mit den andern Schülern bringt natürlich auch einige neue Enttäuschungen. Kiddy wird wieder verletzt. Sie wird aggressiv, reagiert überzogen und ungerecht. Anschließend betrinkt sie sich in einer Kneipe mit fünf Gläsern Cola-Korn und acht Flaschen Bier.

Durch Bekannte erfährt R., wo sie sich befindet, holt sie aus der Kneipe heraus und bleibt die ganze Nacht an ihrem Bett. Kiddy schämt sich.

»Warum immer wieder diese Rückschläge? Warum muß ich immer wieder die Schuld bei anderen suchen? Warum urteile ich über andere? Warum bin ich immer wieder so trotzig?«

Da ein Mensch wie Kiddy nicht rund um die Uhr begleitet und beschützt werden kann, passiert also einiges. Aber gerade an diesen Stellen wird ihr immer wieder deutlich, wie souverän Gott selbst eingreift.

An einem Februartag wird Kiddy von einem fremden Mann wenige Meter von ihrer Wohnung entfernt mit ei-

22jährige mit Messer verletzt

Mit einem Messer hat ein unbekannter Mann nachts auf dem Holstenplatz eine 22jährige gehbehinderte Frau am Oberschenkel verletzt. Doch die junge Frau verfügte über Grundkenntnisse in Karate: Sie trat dem Täter in den Unterleib und versetzte ihm einen gezielten Schlag, so daß er zu Boden stürzte. Die Polizei sucht jetzt den Täter, der ungefähr 30 Jahre alt und 1,75 Meter groß sein soll, dunkelblondes Haar hat und eine Lederjacke und Jeans trug. Hinweise erbittet die Kripo unter 381 05 24 48 oder 283 88 46.

Hamburger Abendblatt vom 9. Februar 1988

nem Messer bedroht. Sie kann sich jedoch wehren, der Fremde verletzt Kiddy aber am Oberschenkel. Noch unter Schock wird sie vom Notarzt verbunden. Kripo und Lokalpresse nehmen sich der Sache an. Daß Gott selbst eingegriffen und Kiddy bewahrt hat, steht nicht in der Zeitung. Für sie selbst gibt es daran jedoch keinen Zweifel.

In der Wohngemeinschaft gehen die Beziehungen untereinander oft durch Krisen. Kiddy kann sich nicht unterordnen, und die anderen sind oft nicht viel weiter im Glauben als sie und können ihr nicht immer helfen. Kiddy kauft sich eine Pistole, ein Zeichen ihrer Hilflosigkeit. Will sie sich selbst helfen oder Gott vertrauen und ihm gehorchen? Immer wieder hört sie Stimmen der Versuchung: »Fahr doch nach Amsterdam. Hau ab aus der Wohngemeinschaft. Schmeiß doch die Schule hin. Dreh dir den nächsten Joint.« Einmal dreht Kiddy durch, fährt in eine Diskothek auf die Reeperbahn und besorgt sich Haschisch, durchsetzt mit LSD. Zu Hause dreht sie Musik von Pink Floyd auf. Sie weint und betet. Kalter Schweiß steht ihr auf der Stirn. »Wodurch unterscheidest du dich von den Menschen in dieser Stadt?« fragt sie sich. »Du machst Sachen, die Gott nicht gefallen und die dich verstören. Wenn du in Not bist, dann betest du ihn wieder an. Gott ist doch kein Kaugummiautomat.«

Einen Jungen, mit dem sie sich nicht versteht, will sie nach einem Gottesdienst mit der Pistole bedrohen, vielleicht umbringen. Als sie so etwas ankündigt, schreit ihr eine Freundin erschrocken entgegen: »Kiddy, hör endlich auf mit deinem Haß! Unser Gott ist ein Gott des Lebens und kein Gott des Todes!«

Trotzdem richtet Kiddy vor der Kirche die Pistole auf den jungen Mann, aber dann läßt sie sie wieder sinken. In den nächsten Nächten kommt sie erst um sechs Uhr nach Hause. Die Mädchen in der Wohngemeinschaft reagieren verständnisvoll und einfühlsam. Zum ersten Mal kann sie sich bei ihnen entschuldigen. Sie will wieder nach vorne schauen, nicht zurück.

Jeden Dienstag besucht Kiddy ein Glaubensseminar ihrer Gemeinde. Warum empfindet sie keine Freude dabei? Warum ist sie so passiv? Die Drogen haben sie abgestumpft, so daß freundliche Gefühle und Begeisterung für etwas schwer aufkommen. Auch wenn sie etwas Neues anfängt, fällt sie leicht zurück in ihren alten Trott. Sie führt eine Art Doppelleben: Von einer Diskothek auf St. Pauli fährt sie direkt in die Gemeinde, aus Gewohnheit, wie sie sagt, und umgekehrt. Doch dann hört sie im Gottesdienst zwei Lieder, die sie überwältigen.

In dem ersten spricht ihr Jesus zu, daß er sie trotzdem Freundin nennt. Im zweiten heißt es: »Was mir auch begegnen mag, ich bin nie alleine.« Das reicht. Nach dem Gottesdienst nimmt Kiddy das Gespräch mit Gott wieder auf. »Kann es sein, daß du die ganze Zeit bei mir warst, auch als ich ungehorsam war?« Sie weiß, es ist so. Sie hat es immer wieder erfahren, aber das Heroin ist so stark, daß sie noch am selben Tag in einer St. Pauli-Disco unter Tränen sagt: »Jesus, ich kann dich nicht lieben!« Sie hat Entzugserscheinungen, sieht nur Dämonen und Geister um sich herumsitzen und schreit um Hilfe. Keiner in der Diskothek hört sie.

Die Mädchen in der Wohngemeinschaft haben um diese Zeit für Kiddy gebetet. Menschlich sind sie seit langem an ihre Grenze gekommen. Was macht man mit einem Menschen, der jeden zweiten Tag rückfällig wird und manchmal stundenlang in der Toilette auf dem Boden liegt?

Kiddy erwartet bisweilen Übermenschliches, und dann wieder ist sie schnell dabei, Schuld zuzuweisen. Aber dann wird ihr plötzlich klar: Ich muß bei mir selbst anfangen, nicht immer bei den andern. Ich muß stehen und gehen lernen und nicht immer nur verlangen, aufgehoben und getragen zu werden.

In einer Nacht sieht Kiddy im Traum schreckliche Finsternisse. »Ein großer Saal mit viel Nebel, fremde Menschen, keiner kann den andern sehen. Man hört nur schreiende Stimmen.« Sie sieht sich an der Tür zu einem finsteren Saal. Zwei Mächte ziehen an ihr, aber die Kraft, die sie von dem Saal wegzieht, ist stärker als diejenige, die sie hineinzieht. Die Macht jenseits der Tür herrscht über die Menschen im Saal und lacht über sie. Sie ist ganz scheußlich.

Als Kiddy am nächsten Tag aufwacht, wird ihr klar, daß sie an der Pforte zur Hölle gesessen hat. Sie ist tief erschrocken, aber zugleich dankbar, denn sie hat wieder erlebt, daß Jesus sie nicht fallen läßt und daß er Sieger bleibt.

Am Abend sitzt sie wieder in einer Diskothek. Wie sich die Bilder gleichen: Menschen tanzen im Nebel, keiner hört den andern. Kiddy wird auf einmal klar: »Aber du hast doch Jesus. Du brauchst nicht allein zu sein mit deinen Problemen, wie die da auf der Tanzfläche.« Plötzlich steht ein junger Mann im T-Shirt mit der Aufschrift »Jesus liebt dich« vor ihr. Sie kommen ins Gespräch. Nachher beschließt Kiddy: Sie geht ab jetzt nicht mehr in Discos und nimmt keine Drogen mehr. Jesus soll sie freimachen. Sie steht auf und verläßt die Diskothek. Es ist eine Minute vor zwölf. Innerlich fühlt sie sich ausgebrannt.

Nach drei Tagen geht es ihr körperlich zunehmend schlecht. Sie hat Entzugserscheinungen, neue Alpträume und geistliche Kämpfe. Durch den Konsum von Heroin, Alkohol und Kokain an *einem* Tag sieht sie Geister. Kiddy hat Angst, verrückt zu werden, nicht durchzuhalten. Sie schlägt die Bibel auf. Die kommt ihr vor wie ein weißes Stück Papier. Um die Mittagszeit setzt sie sich erneut einen Schuß Heroin, beinahe eine Überdosis. Die Mädchen in der Wohngemeinschaft haben Angst, daß es zu spät ist. Sie rufen den Notarzt. Kiddy sieht einen Geist, der sie erwürgen will. Sie will davonlaufen, aber der Geist versperrt ihr die Tür. Sie schmeißt sich gegen die Wand. Der Arzt kommt. Um Haaresbreite kann ihr Leben gerettet werden. Alpträume plagen sie. Dämonen kreisen weiter um sie. Kiddy ruft zu Jesus. »Auf einmal wurde alles ganz hell in meinem Zimmer. Eine lichte Gestalt stand vor mir.« Laut ruft Kiddy: »Jesus ist hier. In seinem Namen sage ich mich los von euch Geistern. In Jesu Namen: raus mit euch!« Plötzlich tritt Ruhe ein. Sie sieht das ganze Zimmer hell erleuchtet, die Gestalt bei ihr ist weißer als Schnee. Kiddy hört Beten und Gesang.

»Ich habe die Augen geschlossen, und Jesus hat mich in den Arm genommen wie ein kleines Kind, das lange geschrien und geweint hat. Er hat mir über den Kopf gestreichelt, mich getröstet und mir einen tiefen Schlaf geschenkt.«

In der folgenden Nacht hört sie eine Stimme, die deutlich zu ihr spricht: »Ich habe dich lieb. Meine Liebe wird niemals aufhören, denn du bist mein Kind. Ich bin Jesus, Gottes Sohn. Vertrau auf mich, denn ich werde dir meine Herrlichkeit zeigen. Ich werde dein leeres Herz mit Frieden und Liebe erfüllen. Ich habe für dich mein Leben gegeben. Mein Blut deckt alle deine Sünden.«

Kiddy fängt an zu weinen. Sie ist überwältigt, dankbar,

zum ersten Mal zutiefst fröhlich. Am nächsten Morgen schlägt sie die Bibel auf und weiß, daß etwas Neues angefangen hat. Sie liest: »Gehört jemand zu Christus, dann ist er ein neuer Mensch. Das Alte ist vergangen, etwas Neues hat begonnen« (2. Korinther 5,17). Sie liest und kann das Gelesene bejahen, weil es für sie Realität geworden ist. Sie weiß, Jesus ist endlich Sieger über ihr Leben geworden. Sie braucht keine Drogen mehr. Sie ist nicht mehr länger verloren, Jesus ist ihre Sicherheit.

Leben im Licht

Kiddy will das mit Jesus festmachen, will sich taufen lassen. Das ist für sie nicht nur ein Gehorsamsschritt, nachdem Jesus angefangen hat, sie freizumachen; die Taufe soll ein Vertrag mit Jesus sein. In ihr will sie, die sich endlich geliebt weiß, öffentlich bekunden: Herr, ich liebe dich! Sie wird in einer Hamburger Freikirche getauft. Für die, die sie in all der Not, in all den Rückschlägen begleitet haben, ist es ein Jubeltag. Kiddy fühlt sich nicht nur wie ein begnadeter, sondern auch wie ein befreiter Sünder. Sie weint vor Freude. Die Gemeinde klatscht und jubelt über das, was Gott getan hat. Kiddy ist nicht die erste Türkin in dieser Gemeinde. Bereits ein Dutzend anderer Türken und Kurden gehören dazu, außerdem Iraner, Armenier und Griechen.

Ihre Taufe erlebt Kiddy sehr intensiv. »Voller Freude ging ich zum Taufbecken. Als ich so dastand, konnte ich noch die Spuren Satans an meinem weißen Taufkleid sehen. Ich sah meine Sünden und meine Schuld vor mir. Vor der sichtbaren und unsichtbaren Welt habe ich mich von Satan losgesagt. Dreimal habe ich Satan ins Gesicht geschrien, daß ich nichts mehr mit ihm zu tun habe. Bei jedem Mal ist er ein Stück weiter aus meinem Leben gewichen. Nach dem Untertauchen waren an meinem Kleid keine Flecken mehr zu sehen. Ein Stoß durchfuhr mich, und Jesus streckte mir seine liebevolle Hand entgegen. Ernst, Freude und Frieden erfüllten mich. Es war das tollste und überraschendste Erlebnis meines bisherigen Lebens. Der Heilige Geist war wirklich in mein Leben gekommen.«

Kiddy spricht von einer neuen Welt, die sie jetzt betreten hat. Sie will ihre Freude mit möglichst vielen feiern. Alle sollen sehen, daß Jesus das verletzte Schaf gefunden hat.

Auch jetzt bleiben gelegentlicher Streit und Enttäuschungen in der Wohngemeinschaft nicht aus, aber die Bindungen durch Drogen oder okkulte Erscheinungen sind ein für allemal gelöst. Kiddy, der viel vergeben wurde, lernt, ebensoviel zu vergeben. Jemand, der soviel erlebt hat wie sie, versteht auch andere Menschen in den Kneipen, in den Discos, auf der Straße. Kiddy fängt an, die Menschen dort mit den Augen Jesu zu sehen. »Wenn ich auf Jesus schaue, hat der Teufel keine Macht mehr.«

Aber sie steht erst am Anfang ihrer Heilung. Häufig leidet sie an Atemnot. Manchmal muß sie sich schon nach vier Stufen im Treppenhaus hinsetzen und Luft holen. Sie betet überall, auch auf der Straße. Ihre kleine Bibel trägt sie stets bei sich. Eine ärztliche Untersuchung ergibt, daß die Gefahr eines Herzinfarkts besteht. Die Ärzte fragen sie nach dem Verlauf der Drogengeschichte und nach der Therapie, die sie gemacht habe. Kiddy antwortet nur: »Jesus. Er ist mein Arzt, auch wenn er an keiner Universität studiert hat wie Sie.«

Die Ärzte wundern sich, staunen und fragen, ob es hinter Kiddys Glauben eine wirkliche Macht gibt, oder ob das Mädchen vor ihnen verrückt ist oder an Suggestionen glaubt.

Kiddy sagt: »Ich weiß, daß mein Erlöser lebt« (Hiob 19,25). »Jesus war an meinem Krankenbett. Kinder bekommen viel Liebe und Trost, wenn sie krank sind. So ist das auch mit Jesus und mir.«

Inzwischen muß Kiddy einige Tage auf die Intensivstation eines Krankenhauses. Die Diagnose: akute Herz-

schwäche als Folge ihres Drogenkonsums. Hier im Krankenhaus lernt Kiddy, sich Gott in den praktischen Dingen des Lebens hinzugeben, für jeden Tag zu danken. Wenn sie jetzt weint, sind es Tränen der Erleichterung und Befreiung. Bald kann sie die Intensivstation verlassen. Die Mädchen aus der Wohngemeinschaft und mehrere Leute aus der Gemeinde besuchen sie. Kiddy redet anderen Kranken zu, in jeder Situation, auch im OP, auf Jesus zu vertrauen. Eine 72jährige Dame gibt daraufhin ihr Leben in die Hand

Jesu. Sie spricht von Gnade. Kiddy schenkt ihr ein Neues Testament.

Als Kiddy zum ersten Mal aufstehen darf, geht sie in den Aufenthaltsraum und erzählt den Kranken und ihren Angehörigen von Jesus. Sie gibt Bücher und Traktate weiter und betet mit Patienten. Es ist dasselbe Krankenhaus, in dem der sagenhafte Rocky monatelang gelegen hat; auch er hat den Menschen dort von Jesus erzählt.

Nach gut zwei Wochen wird Kiddy aus dem Krankenhaus entlassen, obwohl sie sich immer noch sehr schwach fühlt und vor Schmerzen und Fieber kaum schlafen kann. Sie hat wieder Depressionen. Die Gemeinde feiert einen Gottesdienst, wo für Kranke um Heilung gebeten wird. Kiddy läßt sich segnen. Nach langem Beten und Handauflegen löst sich ihre innere Verkrampfung. Endlich kann sie wieder frei atmen, sich entspannen und ruhig schlafen. Ihr wird klar, daß sie alle Verletzungen und Enttäuschungen, sich selbst, aber auch ihre Eltern und ihre Mitbewohner, ihre Schuld und deren Schuld zu Jesus bringen kann. Dann erst ist eine Heilung ihres Herzens möglich.

Drei Nachmittage lang betet Kiddy mit M., seiner Frau R. und einem Freund und bringt dabei alle Verletzungen und Versäumnisse, die sie mit sich herumträgt, zum Kreuz. Es geht nicht ohne Tränen, Widerstand und Kampf. Aber nach dieser Lebensbeichte kann sie nur noch jubeln und sich freuen. Dreimal läuft sie vom Keller bis in den dritten Stock. Alles Böse ist vergeben, in Jesu Namen! Das hat sie geheilt. »Jesus hat mein Herz gereinigt und mich gesund gemacht«, erklärt Kiddy. »Er hat mich nicht nur freigemacht von Heroin, sondern auch von Haß, Selbstmordgedanken, Selbstsüchten, von Götzen und Dämonen. In Jesus habe ich den Sinn meines Leben gefunden.«

1990

Immer wieder muß sie weinen, aber nicht, weil sie einsam ist, sondern aus Freude über die neue Freiheit. »Was mir gefehlt hat, das hat mir Jesus gegeben.« Jetzt fängt sie an, zu begreifen, wie lieb die Mädchen in der Wohngemeinschaft sie haben, wieviel Trost sie ihr gegeben haben all die Monate. Immer weniger Spannungen sind um Kiddy herum.

Fast jeden Abend haben sie eine Andacht in der WG. Da bringen sie allen Dank, alle Mißverständnisse und Verletzungen zu ihrem himmlischen Vater. Jesus reinigt immer wieder die Atmosphäre. Kiddy lernt dabei, daß dies nicht per Knopfdruck geschieht, sondern in schmerzvollen Gesprächen und Gebeten. Sie genießt es, daß ihre Beziehungen zu Menschen freier werden, nicht mehr so ichbezogen sind. Am schwersten fällt es ihr, sich selbst anzunehmen, anzunehmen, daß sie geliebt ist und sich selbst lieben soll, als behinderte Frau, als Türkin in Deutschland, als ehemalige Drogenabhängige. Ihr wird klar: »Wenn Jesus mich liebt, dann habe ich kein Recht, mich zu hassen. Gott hat mir vergeben, ich darf mich nicht länger anklagen.«

Reise in die Türkei

Nach zehn Jahren reist Kiddy 1988 zum ersten Mal wieder in ihre Heimat. Sie fährt in ein Land, in dem sie verachtet und verstoßen worden ist. Trotzdem will sie fahren, mit der Liebe Jesu im Herzen, auch wenn sich ihr Magen bei dem bloßen Gedanken daran umdreht. Sie packt ihren Koffer voll mit Traktaten.

Einige Tage vor ihrer Abreise behauptet ein Gemeindeglied, Kiddy nehme wieder Drogen. Innerlich dreht sich alles in ihr, sie hat das Gefühl, abzustürzen. Sie stellt den Mann zur Rede und packt ihn am Kragen. Haßgefühle steigen in ihr auf. Da wird ihr bewußt, daß sich nur der Teufel über ihre Anklagen freut. Sie läuft aus dem Raum zu einer Freundin, um mit ihr zu beten. Der einzige Weg ist, dem Mann zu vergeben. Alles andere würde zu nichts führen.

Am nächsten Tag fährt Kiddy mit dem Bus in die Türkei. Zwei Tage lang liest sie in der Bibel. Sie ist ihr Halt, ihr Kompaß. Im Bus sitzen nur Türken. Durch das Erlebnis kurz vor der Abreise ist Kiddy so enttäuscht und menschlich verletzt, daß sie niemanden ansprechen mag. Aber ein Mann in der ersten Reihe, der mit seinem Sohn in die Heimat fährt, beobachtet sie stundenlang. Irgendwo auf dem jugoslawischen Autoput spricht er die in ihre Lektüre versunkene Kiddy an: »Sag mal, was liest du da die ganze Zeit? Was macht dich so strahlend, daß ich fast weinen möchte?«

Kiddy wundert sich, da sie sich selbst im Moment ganz anders sieht. Sie lächelt den Fremden freundlich an und sagt: »Es ist ein gutes Buch.«

Nach weiteren Stunden intensiver Beobachtung spricht der Mann Kiddy erneut an: »Ich bin wirklich neugierig.

Was ist das, was du nun schon den ganzen Tag liest, was dich so froh macht?«

»Wenn Sie es wirklich wissen wollen«, antwortet Kiddy, »ich lese die Bibel.«

Erstaunt fragt der Mann zurück: »Aber du bist doch Türkin!«

»Na klar«, lacht sie, »die Bibel gilt auch für Türken, wie für alle Nationen.«

Interessiert hakt der Fremde nach: »Kannst du mir erklären, warum du an Jesus glaubst? Das ist doch der Gott der Deutschen.«

Nun fängt Kiddy an zu erzählen. Es fließt geradezu aus ihr heraus. Sie sind schon mitten in Bulgarien, da erzählt sie immer noch von dem, was Jesus in ihrem Leben getan hat, wie sie ihm begegnet ist.

Wie gebannt hört der Mann ihr zu. Kiddys Geschichte ist für ihn spannender als jeder Krimi. Das Gespräch dauert mit Unterbrechungen vierzehn Stunden. Kiddy erzählt ihm, warum Jesus auf diese Erde gekommen ist, und lädt den Mann ein, auf der Seite des Siegers und des Lichts sein Leben neu zu beginnen. Als der Bus die türkische Grenze erreicht, hat der Mann angefangen, an Jesus zu glauben. Er will in Deutschland eine Kirche suchen. Kiddy drückt ihm ein Traktat in die Hand. Überschrift: »Willst du leben?«

An der Grenzstation überkommt Kiddy Angst. Was wird mit all den Traktaten in ihrem Koffer? Mit ihrer türkischen Bibel? Sie betet: »Herr, du bist meine Zuflucht und mein Retter.« An der Zollkontrolle wartet sie wie versteinert. Sie hat Angst, daß ihr die Einreise verweigert wird. Die Beamten durchwühlen die Taschen der Reisenden. Einer von ihnen wirft Kiddy nur ein barsches »Weitergehen!« zu. Sie ist der einzige Fahrgast, der nicht kontrolliert wird!

Im Bus fällt Kiddy entspannt auf ihren Sitzplatz zurück und dankt Gott für soviel Gnade.

Auf einmal ist sie froh, in der Türkei zu sein. Sie will ihr Vaterland lieben und alle Menschen darin. Sie küßt den Boden der Grenzstation. Sie erinnert sich: Bei der Abfahrt vor zehn Jahren sah das ganz anders aus.

Doch in Istanbul kommt sie sich fremd vor. Viele halten sie für eine Europäerin und behandeln sie abweisend. Sie fährt weiter nach Ankara zu Gulsen, einer jungen Frau, die sie in Hamburg kennengelernt hat. Im Bus wird Kiddy von mehreren Männern angestiert, weil sie sie für eine Ausländerin halten. »Das ist doch mein Land, auch wenn ich zehn Jahre nicht mehr hier war«, denkt sie bitter. Als aus den gierigen Blicken anzügliche Bemerkungen werden, steigt Haß in ihr auf. So kommt sie nicht weiter!

Sie fängt an zu beten, sagt sich von dem Haß los und stellt sich unter den Schutz Jesu. Sie liest Psalm 91: »Wer unter dem Schirm des Höchsten sitzt und unter dem Schatten des Allmächtigen bleibt, der spricht zu dem Herrn: Meine Zuversicht und meine Burg, mein Gott, auf den ich hoffe.« Gott verwandelt ihren Haß in Frieden.

Aber auf dem Umsteigebahnhof wird Kiddy von den beiden Männern verfolgt. Sie bestechen sogar den Schaffner, der sie festhalten soll. Aber sie scheinen mit Blindheit geschlagen; Kiddy kann mit einem anderen Bus entkommen.

In Ankara lebt sie die ersten Tage bei Gulsen. Die junge Frau war als Tochter wohlhabender türkischer Eltern nach Hamburg gekommen, um dort Hotelkauffrau zu lernen. Sie hatte zum Glauben an Jesus gefunden und kam in Kiddys Gemeinde. Jetzt ist sie glücklich, Kiddy in Ankara wiederzusehen. Hier gibt es nur wenige Christen. Da bedeutet so ein Besuch doppelt so viel wie in Hamburg. Kiddy wandert durch die Stadt, betend, die Menschen segnend. »Bin ich hier zu Hause?« fragt sie sich. »Viele halten mich für eine Deutsche. Ja, ich bin in Deutschland aufgewachsen, aber ist das nicht meine Heimat?«

In der Nähe von Ankara wohnt der Bruder einer Schwägerin, den Kiddy nie richtig kennengelernt hat. Sie hat nur seine Telefonnummer und will ihn besuchen. Die Familie empfängt sie gastfreundlich und mit viel Liebe. Auch das ist die Türkei. Menschen werden zumeist äußerst gastfreundlich empfangen, bewirtet, mit hineingenommen in die Familie. Kaum einer würde so behandelt werden wie türkische Mitbürger in Deutschland.

Eine ganze Woche bleibt Kiddy in diesem Dorf. Die Menschen fragen, warum sie ein Kreuz um den Hals trage. Sie solle es abnehmen und wegschmeißen, das sei nichts für Türken. Kiddy dreht sich vor Angst der Magen um, aber dann bekennt sie: »Ich habe Jesus als meinen Herrn angenommen. Ich gehöre zu ihm.« Viele Fragen stürmen auf sie ein. Bald sind beinahe alle Frauen des Dorfes zusammen, um mehr darüber zu hören. »Machst du das, weil du in Deutschland lebst?«

Kiddy fängt an zu erzählen, was sie mit Jesus, mit dem lebendigen Gott, erlebt hat, und aus welcher Tiefe er sie herausgeholt hat. Wie Jesus in diese Welt gekommen ist, wie sehr er alle Menschen lieb hat und daß nur die, die an ihn glauben, gerettet werden. »Ich trage mein Kreuz nicht nur um den Hals, sondern auch am Herzen, denn Jesus ist für uns Menschen ans Kreuz gegangen. Er hat sein Blut vergossen für unsere Sünden. Sein Blut reinigt uns. Er hat Kranke und Blinde geheilt.«

Die Frauen starren Kiddy an. Darüber haben sie noch

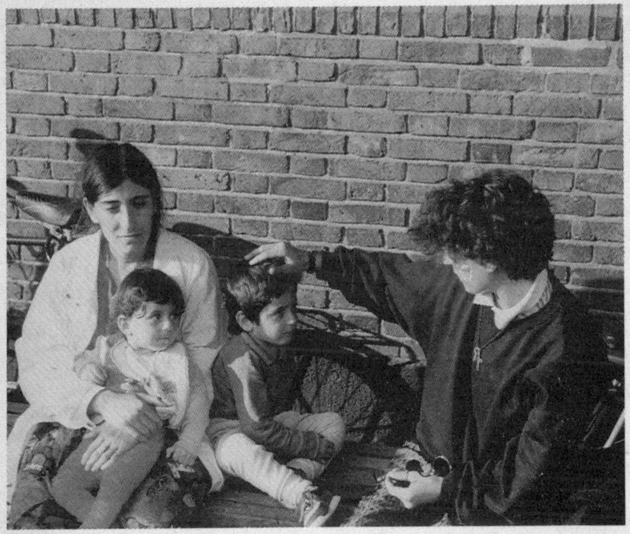

Kiddy segnet eine yezidische Familie, September 1989

nie etwas gehört. Die Atmosphäre ist gespannt, aber nicht aggressiv. Sie fragen weiter, wollen mehr von Jesus wissen. Kiddy wundert sich über ihr fließendes Türkisch nach der langen Zeit unter Deutschen.

Nach fünf Stunden verlassen die Frauen das Haus von Kiddys Verwandten und gehen in Frieden nach Hause. Eine von ihnen kommt am nächsten Morgen wieder. Sie bringt ihren kleinen Sohn mit, der an einer schmerzenden Eiterbeule auf der Brust leidet. Das Kind schreit. Die Mutter fragt, ob Jesus nicht auch ihr Kind gesund machen könne, so wie Kiddy am Abend vorher von anderen Kranken erzählt habe, denen Jesus begegnet sei. Sie habe das Kind schon in die Moschee und zu verschiedenen Ärzten gebracht, habe viel im Koran gelesen und zu Allah gebetet, aber nichts und niemand habe geholfen.

Kiddy erklärt ihr, daß nur der lebendige Gott Kranke heilen könne. »Allah ist nicht der Gott, der Sünden vergibt, weil er nicht unsere Schuld trägt. Er hat sich nicht hingegeben für diese Welt.« Kiddy schaut die Frau eindringlich an und fragt sie: »Willst du Jesus von ganzem Herzen vertrauen, daß er dich und dein Kind liebt und wieder gesund machen kann?« Die Antwort kommt so schlicht wie überraschend: »Ja, ich will Jesus von ganzem Herzen vertrauen. Er soll der Arzt meines Kindes sein.«

Kiddy geht mit der Frau in ein separates Zimmer. Im gemeinsamen Gebet fragt sie sie noch einmal, ob sie Jesus zutraut, daß er ihr Kind heilt. Wieder antwortet die Frau mit ja. Dann ziehen beide das Kind aus. Wie viele Menschen in der Türkei trägt der Junge einen Anhänger um den Hals, ein in Gold gefaßtes blaues Auge. Viele behaupten, es sei Gottes Auge, aber es handelt sich dabei um einen magischen, letztlich satanischen Gegenstand. Kiddy nimmt die Kette mit dem Auge vom Hals des Jungen und erklärt der Mutter: »Nur Jesus kann den Schutz deines Kindes übernehmen. Aber mit okkulten Mächten kann Jesus nicht eins sein.« Dann legt sie dem Jungen die Hand auf. Er fängt an zu schreien und sich zu winden. Als Kiddy wieder den Namen Jesus anruft, wird das Kind immer ruhiger. In Jesu Namen sagt sie es los von der Macht des Auges. Dabei zerspringt das Augenamulett in mehrere Teile. Vor den Augen der Mutter strafft sich die Haut des Jungen. Die Eiterbeule verschwindet, und er schläft ruhig ein. Kiddy kann Gott nicht genug danken für sein Tun.

Einige Tage später kommt eine Frau aus der Nachbarschaft zu Kiddy. Sie erzählt: Ihr Mann war Schläger und

Alkoholiker, jetzt hat er zu Jesus gefunden. Gott hat ihn angerührt und ihm einen Weg gezeigt, weg vom Alkohol und von der Gewalt.

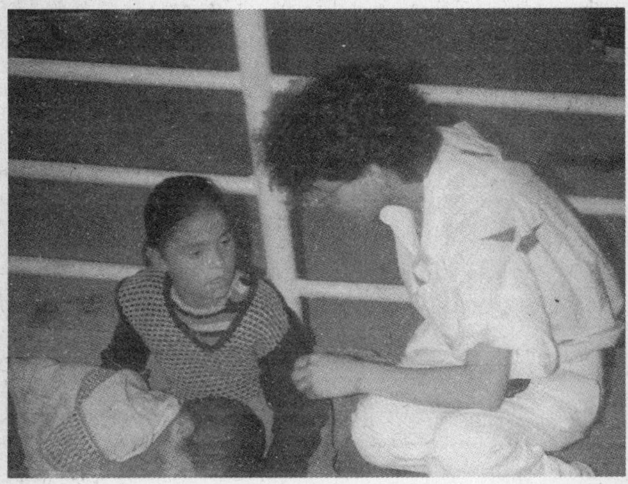

Mit Kindern in Ankara im August 1988

Dann fährt Kiddy zurück nach Ankara. Vor ihrem Abflug begegnet sie einigen bettelnden Kindern. In ihren hoffnungslosen Augen findet sie die Kiddy wieder, die sie vor zwölf oder zwanzig Jahren gewesen ist. Sie weiß, wie es ist, ohne Abendbrot schlafen zu gehen oder Durst zu haben. Kiddy gibt ihnen fast die Hälfte ihres restlichen Geldes und erzählt ihnen von Jesus. »Auch wenn ihr mich für verrückt haltet, dankt nicht mir, sondern Jesus.« Passanten starren sie ungläubig oder verachtungsvoll an. Menschen mit sauberen Händen setzen sich nicht zu Straßenkindern! Zwei der Kinder, fünf und acht Jahre alt, leben schon seit drei Jahren vom Betteln, erfährt Kiddy. Sie haben keine Eltern mehr. Der Vater ist bei Unruhen erschossen worden. Kein seltenes Schicksal in der Türkei.

Schließlich prügelt ein reicher Mann auf die Kinder ein und jagt sie davon. Kiddy will den prügelnden Mann am Kragen packen, segnet ihn dann aber leise und fragt: »Kennen Sie Gott nicht?«

»Hast du keine Angst?« erwidert der Mann.

»Nein«, lacht Kiddy freundlich. »Mit Jesus brauche ich keine Angst zu haben. Mit ihm würde ich sogar ins Gefängnis gehen. Auch da warten Menschen auf Jesus.«

Der Mann schüttelt den Kopf, streicht sein Jackett glatt und geht weiter.

Nach zwei Tagen ist Kiddy zurück in Istanbul. Auf dem Busbahnhof sprechen sie zwei Männer an, warum sie als Türkin ein Kreuz trage. Wieder erzählt Kiddy von Jesus. Da zieht der eine Mann einen sehr wertvollen Ring von seiner Hand, legt ihn auf den Tisch und sagt: »Wenn du diesem Jesus abschwörst und den Koran als Wahrheit annimmst, dann gehört dir dieser Ring.« Er muß mindestens zehntausend Mark wert sein, schätzt Kiddy.

Sie lacht den grimmig dreinschauenden Mann fröhlich an. »Jesus ist viel wertvoller als der Ring. Der Ring kann nichts für mich tun. Aber Jesus tut alles. Jesus gibt mir Leben. Ich will diesen Ring nicht.«

Höhnisch erwidert der Mann: »Ich wollte nur prüfen, ob du wirklich an diesen Jesus glaubst.«

Kiddy verabschiedet sich mit dem Satz: »Ich stehe auf der Seite des Sieges, weil Jesus Sieger ist.« Dann besteigt sie den Bus nach Deutschland.

Wieder wird sie auf der Fahrt von einigen Mitreisenden

belästigt. Aber sie läßt sich nicht provozieren und zeigt keine Angst. So gelangt sie unversehrt nach Deutschland zurück.

Jesus-Festival in Köln, September 1989 – Kiddy vor dem Dom

Wieder zu Hause

In Hamburg holt Kiddy den Hauptschulabschluß nach. Durch ihre Initiative entsteht ein Schülergebetskreis. Um Geld zu verdienen, arbeitet sie in der Kraftfahrzeugwerkstatt. Nach einem Jahr erhält sie ein gutes Abschlußzeugnis in der Schule, und auch der Kraftfahrzeugmeister ist sehr mit ihr zufrieden.

An den Wochenenden geht sie häufig in die Discos in und um St. Pauli und spricht Menschen an, die so im Elend sitzen wie sie früher. Um ein Mädchen kümmert sie sich besonders. Es ist die Schwester einer Bekannten aus der Drogenszene, die jetzt selbst Heroin spritzt. Kiddy läßt sich von vielen Rückfällen nicht entmutigen, sitzt während des Entzugs abwechselnd mit dem Vater des Mädchens und einer anderen Frau nächte- und tagelang an ihrem Bett, um sie nicht alleine zu lassen. Nach mehreren abgebrochenen Versuchen steht das Mädchen schließlich einen Entzug durch; sie setzt ihr ganzes Vertrauen auf die Macht Jesu und wird frei. Eine Versicherung bietet ihr eine gute Stelle an, so daß sie im Leben wieder Fuß fassen kann.

Für Kiddy und andere Christen in ihrer Gemeinde ist das eine große Ermutigung, auch anderen Drogensüchtigen nachzugehen und die Hoffnung für sie nicht aufzugeben.

Kiddys Eltern staunen darüber, daß ihre Tochter aus der Drogenabhängigkeit herausgekommen ist. Aber von Jesus wollen sie nach wie vor nichts wissen. Sie fluchen auf ihn und schwören auf einen »heiligen« Mann aus dem Irak, der sie einmal im Jahr besucht. Dabei haben sie eigentlich nur Angst vor ihm.

Kiddy besucht regelmäßig ihren einen Bruder, der immer noch im Gefängnis sitzt. Im Gegensatz zu ihren Eltern akzeptiert er Kiddys Glauben, betont aber, er könne nur an einen türkischen Gott glauben. Damit meint er Allah. Haben die Christen Jesus zu deutsch gemacht? Kiddy betet für ihre Geschwister, ihre Eltern und die anderen Türken und Kurden in der Stadt.

Sie absolviert eine kaufmännische Schule und bekommt anschließend eine ABM-Stelle als Sekretärin in einer mittelgroßen Firma in Hamburg. Sie fühlt sich – als einzige Frau im Betrieb – akzeptiert, die Arbeit macht ihr Spaß. Oft kommt der Chef morgens herein und sagt: »Na, mein kleiner Floh, bist du wieder da?« Kiddy mag die lokkere, offene Atmosphäre. Sie genießt es, wenn Spaß gemacht und gelacht wird.

Mit Biggi 1989

Sie hat einen weiten Weg zurückgelegt. Vom abgelehnten Kind in einem ostanatolischen Dorf, das jahrelang nicht zur Schule gehen durfte und mit dem niemand spielte, bis zur geachteten Kollegin und zur Freundin.

Im Januar 1990 schreibt sie folgendes Gedicht auf:

Die Eile

Eile nicht, sei nicht zu stark.
Wohin geht der Weg, den Du gehst?
Was für ein Ziel hat Dein Weg?
Du willst doch frei werden.
Du willst leben.
Du willst froh werden.
Du willst atmen.
Morgens möchtest Du die Vogelstimmen hören.
Du möchtest die Natur, das Licht sehn.
Dein Leben aber ist Hetze.
Es ist wie ein unaufgeräumtes Zimmer.
Eile nicht auf dem Weg ins Verderben.
Fang neu an mit Jesus.
Er wird Dich frei machen.
Er wird Dir alles vergeben.
Er wird Dich froh machen.
Und Dein Mund wird voller Lachen sein.
Er wird Dir Atem geben, damit Du leben kannst.
Dann wirst Du die Vogelstimmen hören
und die Natur sehen.
Vertraue auf Jesus, den Sohn Gottes,
der Dich liebt und für Dich alles neu macht.

Versuch mit Jesus noch einen Anfang.
Er freut sich, wenn Du zu Ihm kommst.
Eile nicht auf dem Weg ins Verderben.
Sag JA zu Jesus: ER wird Dich retten.

Vom gleichen Autor:

Biggi – Eine von der Reeperbahn

80 Seiten, R. Brockhaus Taschenbuch, Bestell-Nr. 20825

Mit siebzehn wollte Biggi von zu Hause ausziehen, in Discos gehen »nach Hamburg riechen«, genauer nach St. Pauli: Leute kennenlernen, reiche Männer, pulsierendes, glitzerndes Leben haben Tag und Nacht ... Bald rutscht sie in die Prostitution. Sie fängt an, alle Menschen zu verachten. »Du kannst ja nicht alle deine Gefühle in jeden Menschen investieren. Also steckst du sie zurück. Du wirst kalt, kälter, am kältesten, Nordpol ...«

Rocky – Der Mann mit der Maske

96 Seiten, R. Brockhaus Taschenbuch, Bestell-Nr. 20812

Rocky, der Irokese von der Reeperbahn, suchte die Freiheit und rannte in immer neue Gefangenschaften. Er wollte Mensch sein und verbarg sich hinter der Maske seiner tätowierten Haut. Er suchte Freunde und gesellte sich zu Schlägern; und als er es im Showgeschäft versuchte, wurde die Einsamkeit zur Qual. Ei[n] gescheiterte Existenz? Beinahe. Seine Geschichte wäre eine vielen, hätte es da nicht eine Gruppe von Christen am Al[...] Bahnhof gegeben ...

Ich war ein Atheist

96 Seiten, R. Brockhaus Taschenbuch, Bestel[...]

Bevor er sein Buch »Rocky« schrieb, kannte[...]
mann nur in der linken Szene. In diesem [...]
nen Blick hinter die Fassade eines Int[...]
dentenbewegung und seines bishe[...]
der früher öffentlich gegen Christ[...]
einer geworden. Wie es dazu k[...]

R. BROCKHAUS VERL[...]